WISSEN FÜR DIE PRAXIS

Weiterführend empfehlen wir:

Finanzielle Sicherheit bei langer Krankheit
ISBN 978-3-8029-4129-0

Ihre Patientenrechte im Gesundheitswesen
ISBN 978-3-8029-4157-3

Weitere Titel unter: www.WALHALLA.de

Wir freuen uns über Ihr Interesse an diesem Buch. Gerne stellen wir Ihnen zusätzliche Informationen zu diesem Programmsegment zur Verfügung.
Bitte sprechen Sie uns an:
E-Mail: WALHALLA@WALHALLA.de
http://www.WALHALLA.de
Walhalla Fachverlag · Haus an der Eisernen Brücke · 93042 Regensburg
Telefon 0941 5684-0 · Telefax 0941 5684-111

Ralf Hauner

Ihr Recht auf Kur und Reha

Ansprüche kennen, nutzen, durchsetzen

WALHALLA Rechtshilfen

Bibliografische Information der Deutschen Nationalbibliothek
Die Deutsche Nationalbibliothek verzeichnet diese Publikation in der Deutschen Nationalbibliografie; detaillierte bibliografische Daten sind im Internet über www.dnb.de abrufbar.

Zitiervorschlag:
Ralf Hauner, Ihr Recht auf Kur und Reha – Ansprüche kennen, nutzen, durchsetzen
Walhalla Fachverlag, Regensburg 2023

Hinweis: Unsere Werke sind stets bemüht, Sie nach bestem Wissen zu informieren. Alle Angaben in diesem Buch sind sorgfältig zusammengetragen und geprüft. Durch Neuerungen in der Gesetzgebung, Rechtsprechung sowie durch den Zeitablauf ergeben sich zwangsläufig Änderungen. Bitte haben Sie deshalb Verständnis dafür, dass wir für die Vollständigkeit und Richtigkeit des Inhalts keine Haftung übernehmen.
März 2023

1. Auflage

Produktion: Walhalla Fachverlag, 93042 Regensburg
Printed in Germany
ISBN 978-3-8029-4156-6

Inhaltsverzeichnis

Ihr Recht auf Rehabilitation und Kur

Dieser Ratgeber befasst sich mit dem Recht auf Rehabilitation und Kurmaßnahmen. Eine der häufigsten Rehabilitationsleistungen ist die sog. „stationäre Reha", im Volksmund unter dem Namen „Kur" bekannt.

Tatsächlich umfasst das Leistungsspektrum der Rehabilitationsleistungen aber unzählige weitere Ansprüche und Gestaltungsmöglichkeiten. Überwiegend werden diese im SGB IX „Rehabilitation und Teilhabe von Menschen mit Behinderung" zusammengefasst. Die Ansprüche stehen dabei gleichermaßen behinderten Menschen sowie Menschen zu, die von einer Behinderung bedroht sind. Zu den Rehabilitationsleistungen gehören daher insbesondere ambulante oder stationäre Rehabilitationsmaßnahmen, die infolge eines Unfalls oder einer chronischen Erkrankung durchgeführt werden.

Oftmals sind den rehabilitationsbedürftigen Menschen ihre rechtlichen Ansprüche und Möglichkeiten nicht oder nicht ausreichend bekannt. Die verschiedenen Träger der Rehabilitation sind sicherlich bemüht, entsprechend ihrem gesetzlichen Auftrag umfassende Aufklärungsarbeit zu betreiben. Aus verschiedenen Gründen ist dies letztlich nicht so umfassend, wie es im Einzelfall notwendig wäre. Auch die Leistungserbringer im Gesundheitswesen sind häufig derart in ihr Tagesgeschäft eingebunden, dass sie selbst nicht alle Möglichkeiten kennen oder nicht so beraten können, wie es für die Patienten bzw. Laien auf dem wenig transparenten Gebiet des Rehabilitationsrechts notwendig wäre.

Dieser Ratgeber gibt Betroffenen eine Hilfestellung, um ihre Ansprüche im Recht der Rehabilitation zu kennen. Nur wenn sie einen Überblick über mögliche Ansprüche und potenziell zuständige Leistungsträger haben, werden sie letztlich ihr Recht auf umfassende Rehabilitationsleistungen verwirklichen können.

Das Buch beginnt im ersten Kapitel mit einer Definition der Begriffe „Rehabilitation" und „Kur", gibt einen Überblick über die unterschiedlichen Vorsorgeleistungen im Bereich der Rehabilitation und befasst sich mit den Ansprüchen auf Rehabilitation im Ausland.

Im zweiten Kapitel werden die einzelnen Formen der Rehabilitation und ihre zuständigen Träger aufgezeigt und es wird ausführlich erläutert, wie ein Antrag auf Leistungen der Rehabilitation gestellt wird.

Im dritten Kapitel werden Leistungsinhalte der medizinischen Rehabilitation umfassend beschrieben und die unterschiedlichen Arten der Rehabilitation erläutert.

Das vierte Kapitel befasst sich mit der finanziellen Unterstützung während der Rehabilitation, d. h. welche Geldleistungen dem Patienten von welchem Träger und für welche Zeit zustehen.

Abschließend wird im fünften Kapitel aufgezeigt, welche Leistungen Versicherten nach Beendigung einer Rehabilitationsmaßnahme zustehen, falls sie noch weiter behandlungsbedürftig sind.

Zur besseren Lesbarkeit wird in diesem Buch auf die gleichzeitige Nennung weiblicher und männlicher Wortformen verzichtet. Angesprochen sind grundsätzlich beide Geschlechter.

München, den 01.12.2022
Ralf Hauner

Abkürzungen

Abs.	Absatz
AR	Anschlussrehabilitation
BAR	Bundesarbeitsgemeinschaft für Rehabilitation
BDPK	Bundesverband Deutscher Privatkrankenanstalten e. V.
BMÄ	Bewertungsmaßstab für vertragsärztliche Leistungen
BRKG	Bundesreisekostengesetz
BSG	Bundessozialgesetz
Buchst.	Buchstabe
BVG	Bundesversorgungsgesetz
CF	Cystische Fibrose
CT	Computertomografie
E-GO	Ersatzkassen-Gebührenordnung
EStG	Einkommensteuergesetz
EU	Europäische Union
EWR	Europäischer Wirtschaftsraum
ff.	fortfolgende
G-BA	Gemeinsamer Bundesausschuss
gem.	gemäß
GKV	Gesetzliche Krankenversicherung
i. S. d.	im Sinne des
i. V. m.	in Verbindung mit
ICD	Internationale statistische Klassifikation der Krankheiten und verwandter Gesundheitsprobleme
ICF	Internationale Klassifikation der Funktionsfähigkeit, Behinderung und Gesundheit
MD	Medizinischer Dienst
MGW	Deutsches Müttergenesungswerk
Nr.	Nummer
Reha-RL	Rehabilitations-Richtlinie

SGB	Sozialgesetzbuch
SGB I	Sozialgesetzbuch – Erstes Buch (Allgemeiner Teil)
SGB II	Sozialgesetzbuch – Zweites Buch (Grundsicherung für Arbeitsuchende)
SGB III	Sozialgesetzbuch – Drittes Buch (Arbeitsförderung)
SGB IV	Sozialgesetzbuch – Viertes Buch (Sozialversicherung)
SGB V	Sozialgesetzbuch – Fünftes Buch (Gesetzliche Krankenversicherung)
SGB VI	Sozialgesetzbuch – Sechstes Buch (Gesetzliche Rentenversicherung)
SGB VII	Sozialgesetzbuch – Siebtes Buch (Gesetzliche Unfallversicherung)
SGB IX	Sozialgesetzbuch – Neuntes Buch (Rehabilitation und Teilhabe von Menschen mit Behinderungen)
SGB X	Sozialgesetzbuch – Zehntes Buch (Verwaltungsverfahren)
SGB XII	Sozialgesetzbuch – Zwölftes Buch (Sozialhilfe)
SGG	Sozialgerichtsgesetz
Var.	Variante
WHO	Weltgesundheitsorganisation

1.

Kur und sonstige Vorsorgeleistungen

Unterschied zwischen Kur und Reha

Im täglichen Sprachgebrauch der Patienten und Versicherten werden die Begriffe Kur und Rehabilitation häufig synonym verwendet, wobei es doch einige Unterschiede zwischen den Begriffen gibt. Nachfolgend werden die beiden Begriffe erklärt:

Kur

Grundsätzlich kann man sagen, dass eine Kur bei einem gesunden Menschen ansetzt, der erste Symptome aufweist. Eine Kur ist also präventiv; es handelt sich um Maßnahmen zur Festigung der Gesundheit.

Bei einer Kur stehen häufig Massagen, Moorpackungen, Bäder und Spaziergänge auf dem Programm. Der Wellness-, Urlaubs- und Entspannungscharakter ist entsprechend stark ausgeprägt.

Kostenträger einer Kur ist immer die Krankenkasse (vgl. §§ 111, 111a SGB V). Die näheren Leistungsinhalte finden sich in den §§ 23 und 24 SGB V, welche in diesem Kapital näher beschrieben werden.

Rehabilitation

Unter Rehabilitation wird im Allgemeinen die Wiederherstellung der psychischen und/oder physischen Fähigkeiten eines Patienten verstanden. Sie kann als Anschlussrehabilitation (AR) nach einer Operation oder als medizinische Rehabilitation im Anschluss an ein Trauma oder eine Erkrankung erfolgen. Sie umfasst Leistungen und Maßnahmen zur weitgehenden Wiederherstellung seelischer, geistiger und körperlicher Funktionen. Innerhalb der Rehabilitation wird viel Wert auf die Erlangung einer individuell größtmöglichen Selbstständigkeit gelegt und das Sekundärziel verfolgt, die Patienten wieder in das Sozial- und Arbeitsleben einzugliedern, um einen vorzeitigen Eintritt der Pflegebedürftigkeit zu verhindern. Sie sollen schnell wieder am gesellschaftlichen Leben teilnehmen können.

Die gesetzlichen Regelungen hinsichtlich der Träger der entsprechenden Leistungen sowie der Rehabilitationsbedürftigkeit sind unter anderem im SGB IX zu finden.

Präventive Kurmaßnahmen

Im Rahmen der präventiven Kurmaßnahmen stehen Versicherten verschiedene Möglichkeiten der Inanspruchnahme offen, welche nachfolgend näher betrachtet werden.

Im Rahmen der §§ 23 und 24 SGB V finden sich verschiedene Möglichkeiten von medizinischen Vorsorgeleistungen. Diese umfassen:

- ambulante Vorsorge am Wohnort
- ambulante Vorsorgeleistungen in einem anerkannten Kurort
- stationäre Vorsorgeleistungen
- stationäre Vorsorgeleistungen für Mütter und Väter

Ambulante medizinische Vorsorgeleistungen am Wohnort

Nach § 23 SGB V haben Versicherte Anspruch auf ärztliche Behandlung und Versorgung mit Arznei-, Verbands-, Heil- und Hilfsmitteln, wenn diese notwendig sind,

- eine Schwächung der Gesundheit, die in absehbarer Zeit voraussichtlich zu einer Krankheit führen würde, zu beseitigen,

  Nach der Auffassung des Gesetzgebers muss der Allgemeinzustand des Versicherten so labil sein, dass künftig bei gleichbleibender beruflicher und sonstiger Belastung der Ausbruch einer Krankheit nicht auszuschließen ist. Mit der Gesundheit sind sowohl die körperliche als auch die seelische Gesundheit gemeint.

- einer Gefährdung der gesundheitlichen Entwicklung eines Kindes entgegenzuwirken,

  Hier wird darauf hingewiesen, dass es um eine Maßnahme gehen muss, die der Gefährdung der körperlichen und seelischen Gesundheit des Kindes entgegenwirkt. Kinder i. S. d. § 23 SGB V sind Versicherte bis zur Vollendung des 18. Lebensjahres.

- Krankheiten zu verhüten oder deren Verschlimmerung zu vermeiden oder
- Pflegebedürftigkeit zu vermeiden.

1 Hierbei dürften insbesondere Heil- und Hilfsmittel zur Vermeidung von Pflegebedürftigkeit in Betracht kommen.

Die Maßnahmen finden im Rahmen der ambulanten Behandlung am Wohnort statt.

Zum Leistungsumfang der ambulanten Vorsorgeleistungen der Krankenkassen zählen Leistungen der ärztlichen Behandlung sowie der Versorgung mit Arznei-, Verband-, Heil- und Hilfsmitteln für Behandlungsanlässe, in denen der Versicherungsfall der Krankheit nach § 27 SGB V (noch) nicht eingetreten ist, also ein präventiver Zustand.

Beispiel:

Frau Meier fühlt sich durch ihre derzeitige berufliche Situation sehr gestresst und es kann nicht ausgeschlossen werden, dass dies bei weiter andauernder beruflicher Belastung für Frau Meier zu einer längeren Arbeitsunfähigkeit führen könnte.

Leistungsumfang

Der Umfang für ärztliche oder ärztlich zu verordnende Leistungen ist grundsätzlich auf Maßnahmen beschränkt, die gezielt der Krankheitsbekämpfung oder der Linderung und Überwindung von Krankheitsfolgen dienen. Zum Leistungsumfang gehören Leistungen auch dann, wenn ein nach § 27 SGB V behandlungsbedürftiger Zustand noch nicht eingetreten ist, er aber ohne diese Leistungen einzutreten droht.

Art, Umfang und Grenzen der ärztlichen Leistungen ergeben sich aus den jeweiligen Spezialbestimmungen des § 28 SGB V.

Die ärztliche Behandlung darf nur von Ärzten und nicht von anderen zur Ausübung der Heilkunde berechtigten Personen wie Heilpraktikern durchgeführt werden. Dies gilt auch in dringenden Fällen.

Der Anspruch auf ärztliche und zahnärztliche Behandlung wird durch den Eintritt einer behandlungsbedürftigen Krankheit (Versicherungsfall) ausgelöst.

Begibt sich der Versicherte aufgrund von Beschwerden oder Symptomen in ärztliche Behandlung, ohne dass der Arzt eine behandlungsbedürftige Krankheit feststellt, besteht gleichwohl ein Anspruch auf Leistungen der Krankenbehandlung. Wenn also ein Versicherter beispielsweise zur Abklärung von Beschwerden zum Arzt geht, der Arzt aber keine behandlungsbedürftige Krankheit feststellt, besteht für den Versicherten trotzdem Anspruch auf Leistungen der Krankenversicherung für diese Kontrolluntersuchung.

Ärzte und Zahnärzte haben ihre Leistungen grundsätzlich persönlich zu erbringen. Delegationsfähige Leistungen können auch unter ihrer Aufsicht nach fachlicher Weisung durch Heil-/Hilfspersonen erbracht werden. Die Anordnung dieser Hilfeleistungen ist Bestandteil der vertragsärztlichen Versorgung. Sie gelten als eigene Leistung des Arztes. Die Pflicht zur persönlichen Leistungserbringung schließt nicht aus, dass der Arzt bestimmte Leistungen an Personen delegiert, die unter seiner Aufsicht und Weisung stehen und für die Erbringung der Hilfeleistung qualifiziert sind (Krankenschwester, Assistenzpersonal, Laborantin). Ob und in welchem Umfang der Arzt ärztliche Leistungen zur Durchführung unter seiner Aufsicht und Weisung an medizinisches Arztpersonal delegieren darf, hängt im Wesentlichen von der Art der Leistung, der Schwere des Krankheitsfalles und der Qualifikation des Hilfspersonals ab.

Nach § 28 Abs. 3 SGB V wird die psychotherapeutische Behandlung einer Krankheit durch Psychotherapeuten, soweit sie zur psychotherapeutischen Behandlung zugelassen sind, sowie durch Vertragsärzte entsprechend den Richtlinien des Gemeinsamen Bundesausschusses durchgeführt.

Neben den Heil-/Hilfsberufen zählen z. B. auch Sozialarbeiter – soweit sie in psychiatrischen Praxen mitarbeiten – zu dem Personenkreis, der vom Arzt angeordnete oder überwachte Tätigkeiten ausüben kann. Hierbei handelt es sich allerdings nicht um Hilfeleistungen i. S. d. § 73 Abs. 2 Satz 1 Nr. 6 SGB V. Sozialarbeiter sind aufgrund ihrer Berufsausbildung medizinisch nicht vorgebildet, sodass sich ihre Tätigkeit auf koordinierende Maßnahmen oder die medizinischen Maßnahmen flankierende Verrichtungen im sozial-psychiatrischen und psychosozialen Bereich etc. beschränkt, die in der psychiatrischen Praxis anfallen.

Bei der Durchführung der Behandlung und ihren Anordnungen haben die Ärzte die Regeln der ärztlichen Kunst zu beachten und die Behandlung in ausreichendem und zweckmäßigem Umfang durchzuführen (§ 2 Abs. 4, §§ 12, 70 SGB V). Was ausreichend und zweckmäßig ist, bestimmt der Gemeinsame Bundesausschuss in den jeweiligen Richtlinien zu den einzelnen Leistungsinhalten.

Das Wirtschaftlichkeitsgebot bestimmt darüber hinaus die Beziehungen zwischen den Ärzten als Leistungserbringern und den Krankenkassen. So bestimmt § 70 Abs. 1 Satz 2 SGB V für alle Leistungserbringer:

§

§ 70 Abs. 1 Satz 2 SGB V:

(1) [...] $_{2}$Die Versorgung der Versicherten muß ausreichend und zweckmäßig sein, darf das Maß des Notwendigen nicht überschreiten und muß in der fachlich gebotenen Qualität sowie wirtschaftlich erbracht werden.

Diese Vorschrift muss vom Versicherten, von jedem Leistungserbringer und von den Krankenkassen beachtet werden. Ärzte als Heilmittelerbringer sind aufgrund der von den Krankenkassen mit ihnen geschlossenen Verträge nochmals ausdrücklich zur Einhaltung des Wirtschaftlichkeitsgebots verpflichtet.

Die gesetzliche Definition des Wirtschaftlichkeitsgebots arbeitet mit den Begriffen „ausreichend“, „zweckmäßig“, „wirtschaftlich“ und „notwendig“. Diese bedeuten im Einzelnen:

- „ausreichend“: Die Leistung muss den Erfordernissen des konkreten Einzelfalls und dem allgemein anerkannten Stand der medizinischen Erkenntnisse entsprechen. Darüber hinaus soll sie den medizinischen Fortschritt berücksichtigen.
- „zweckmäßig“: Die zu erbringende Leistung muss im Hinblick auf das konkrete Behandlungsziel geeignet, zweckdienlich und zweckentsprechend sein.
- „wirtschaftlich“: Therapeuten müssen mit den geringsten Mitteln den größtmöglichen Behandlungserfolg erzielen.
- „notwendig“: Die zu erbringende Leistung muss objektiv erforderlich sein, um das gewünschte Behandlungsziel zu erreichen.

Ärztliche Behandlung i. S. d. § 23 SGB V umfasst alle ärztlichen Leistungen, die zur „Behandlung“ eines Schwächezustandes nach § 23 Abs. 1 Nr. 1 SGB V oder zur Abwehr einer der anderen Gesundheitsgefahren nach § 23 Abs. 1 Nr. 2–4 SGB V erforderlich sind. Das umfasst über den Wortsinn hinaus auch die ärztliche Diagnostik. Das gilt zunächst für diagnostische Leistungen zur Indikationsstellung einer Vorsorgeleistung. Weiter kann Diagnostik auch zur Klärung von Verdachtsfällen erforderlich sein, bei denen konkrete Anhaltspunkte den ernstlichen Verdacht einer möglicherweise künftig ausbrechenden und durch Maßnahmen der Krankheitsvorbeugung einzudämmenden oder aufzuhaltenden Krankheit begründen. Dazu können beispielsweise Anhaltspunkte für eine besondere genetische Disposition für eine bösartige Erkrankung Anlass geben.

Ansprüche auf Leistungen der ambulanten Vorsorge am Wohnort sind nach § 23 Abs. 1 SGB V zeitlich nicht besonders begrenzt. Die Dauer der danach zu beanspruchenden Leistungen bestimmt sich demgemäß ausschließlich nach den allgemeinen Vorgaben zur Notwendigkeit der Leistung. Erhebliche Einschränkungen können sich insoweit aber aus den Heil- und Hilfsmittel-Richtlinien des Gemeinsamen Bundesausschusses ergeben, die über den Verweis nach § 23 Abs. 3 SGB V auf die §§ 32, 33 SGB V auch für Leistungen der ambulanten Vorsorge gelten.

Wichtig: Die entsprechenden Richtlinien können Sie auf der Internetseite des Gemeinsamen Bundesausschusses (G-BA) unter dem Stichpunkt „Richtlinien“ einsehen, vgl. www.g-ba.de.

Ambulante Vorsorge in einem anerkannten Kurort

Reichen bei Versicherten die ambulanten Leistungen am Wohnort nicht aus oder können sie wegen besonderer beruflicher oder familiärer Umstände nicht durchgeführt werden, erbringt die Krankenkasse aus medizinischen Gründen erforderliche ambulante Vorsorgeleistungen in anerkannten Kurorten. Bei der Beurteilung, ob Leistungen nach § 23 Abs. 1 SGB V ausreichen, ist die Wirksamkeit ambulanter Vorsorgeleistungen in anerkannten Kurorten zu berücksichtigen. Es handelt sich hier um Maßnahmen zur Krankheitsverhütung, die sich im Rahmen einer Vorsorgeleistung insbesondere ortsgebundener Mittel (z. B. Heilwässer zum Trinken und für Bäder, geologische oder klimatische Besonderheiten) bedienen.

Die Leistung „ambulante Vorsorgeleistung in anerkannten Kurorten" ist eine Komplexleistung, die ihre Wirkung erst durch das Zusammenspiel von medizinischen Maßnahmen (Heilmittelanwendungen) mit aus medizinischen Gründen erforderlichen weiteren Maßnahmen entfaltet. Dazu zählen z. B. Ernährungsberatung, gruppen- oder einzeltherapeutische Maßnahmen, Hilfen zur Entwöhnung von Genussmitteln, die im Rahmen der ambulanten Vorsorgeleistung in anerkannten Kurorten zur Verfügung zu stellen sind. Sie sollen den Versicherten helfen, die in ihrer Lebensweise begründeten gesundheitsgefährdenden Faktoren zu erkennen und ihr Verhalten zu ändern. Die Leistungen müssen – wie sich aus § 275 Abs. 2 Nr. 1 SGB V ergibt – auf einem zuvor erstellten ärztlichen Behandlungsplan aufbauen und auf die konkrete Gefährdungssituation des Versicherten abgestimmt sein.

Die Satzung der Krankenkasse kann vorsehen, dass neben den im Rahmen der ambulanten Behandlung zur Verfügung zu stellenden Leistungen (ärztliche Behandlung und Versorgung mit Arznei-, Verband-, Heil- und Hilfsmitteln) zu den übrigen Kosten der Vorsorgeleistung ein Zuschuss gezahlt wird. Die Höhe des Zuschusses ist in der Satzung festzulegen. Er darf den Höchstbetrag von 16 Euro kalendertäglich nicht überschreiten. Bei ambulanten Vorsorgeleistungen für versicherte chronisch kranke Kleinkinder kann der Zuschuss auf bis zu 25 Euro erhöht werden. Zu den übrigen Kosten der Vorsorgeleistung, zu deren Finanzierung der Zuschuss beitragen soll, zählen insbesondere die Unterkunft, Verpflegung, Kosten der An- und Abreise (Fahrkosten) und die Kurtaxe. Bei einer Kostenbeteiligung an Vorsorgeleistungen in Einrichtungen des Müttergenesungswerkes gelten besondere Regelungen.

Wichtig: Erkundigen Sie sich bei Ihrer Krankenkasse nach den entsprechenden Satzungsregelungen im Rahmen der ambulanten Vorsorgekur. Die Satzung können Sie auch auf der Webseite der Krankenkasse einsehen.

Ambulante Komplexleistungen können nur in anerkannten Kurorten erbracht werden. Das sind Gemeinden, die auf Grundlage landesrechtlicher Kurortgesetze als Kurort staatlich anerkannt worden sind, weil sie insbesondere über die klimatischen Voraussetzungen, die notwendigen Kurmittel und die erforderliche Ausstattung zur Anwendung von Kurmitteln verfügen.

> ***Praxis-Tipp:***
>
> *Die Spitzenverbände der Krankenkassen haben u. a. eine „Gemeinsame Rahmenempfehlung für ambulante und stationäre Vorsorge- und Rehabilitationsleistungen auf der Grundlage des § 111a SGB V“ erlassen und mit der Kassenärztlichen Bundesvereinigung u. a. den Kurarztvertrag vereinbart. Daraus ergeben sich Einzelheiten der Leistungsanforderungen und Leistungserbringung.*

Versorgung mit Arznei-, Verband-, Heil- und Hilfsmitteln

In den Fällen der ambulanten Vorsorgeleistung am Wohnort oder in anerkannten Kurorten sind die gesetzlichen Regelungen zur Versorgung mit Arznei-, Verband-, Heil- und Hilfsmitteln nach §§ 31–34 SGB V anzuwenden. Somit gelten auch die getroffenen Regelungen zur Zuzahlung, zu den Festbeträgen und dem Ausschluss von Mitteln entsprechend. Näheres hierzu in Kapitel 3 (Einzelne Leistungen der medizinischen Rehabilitation).

Zuzahlung bei Arzneimitteln

Versicherte, die das 18. Lebensjahr vollendet haben, leisten an die abgebende Stelle (Apotheke) zu jedem zulasten der gesetzlichen Krankenversicherung verordneten Arznei- und Verbandsmittel eine Zuzahlung. Dabei sind zehn Prozent des Abgabepreises, mindestens fünf Euro und höchstens zehn Euro zu bezahlen, jedoch jeweils nicht mehr als die Kosten des Mittels.

Dies gilt nicht bei Harn- und Blutteststreifen. Muss für ein Arzneimittel aufgrund eines Arzneimittelrückrufs oder einer von der zuständigen Behörde bekannt gemachten Einschränkung der Verwendbarkeit erneut ein Arzneimittel verordnet werden, so ist die erneute Verordnung zuzahlungsfrei. Eine bereits geleistete Zuzahlung für die erneute Verordnung ist dem Versicherten auf Antrag von der Krankenkasse zu erstatten.

Zuzahlung bei Heilmitteln

Versicherte, die das 18. Lebensjahr vollendet haben, haben zu den Kosten der Heilmittel eine Zuzahlung von zehn Prozent der Kosten sowie zehn Euro je Verordnung an die abgebende Stelle zu leisten.

Die Zuzahlungen für die Heilmittel, die als Bestandteil der ärztlichen Behandlung – also in der Arztpraxis – abgegeben werden, errechnen sich aus den Preisen, die hier vereinbart worden sind.

> **Wichtig:** Die Zuzahlungen sind nur bis zur Höhe der Belastungsgrenze nach § 62 SGB V zu leisten.

Zuzahlung bei Hilfsmitteln

Versicherte, die das 18. Lebensjahr vollendet haben, leisten zu jedem zulasten der gesetzlichen Krankenversicherung abgegebenen Hilfsmittel als Zuzahlung, zehn Prozent des Abgabepreises, mindestens fünf Euro und höchstens zehn Euro, allerdings nicht mehr als die Kosten des Mittels zu dem von der Krankenkasse zu übernehmenden Betrag an die abgebende Stelle. Die Zuzahlung bei zum Verbrauch bestimmten Hilfsmitteln beträgt zehn Prozent des insgesamt von der Krankenkasse zu übernehmenden Betrags, jedoch höchstens zehn Euro für den gesamten Monatsbedarf.

Stationäre Vorsorgeleistungen

Die dritte Leistungsstufe des § 23 SGB V ist die stationäre Behandlung in einer Vorsorgeeinrichtung: Reichen bei Versicherten die bisher beschriebenen Leistungen nicht aus, erbringt die Krankenkasse Behandlung mit Unterkunft und Verpflegung in einer Vorsorgeeinrichtung, mit der ein Vertrag nach § 111 SGB V besteht; für pflegende Angehörige kann die Krankenkasse unter denselben Voraussetzungen Behandlung mit Unterkunft und Verpflegung auch in einer Einrichtung des Müttergenesungswerks oder einer gleichartigen Einrichtung erbringen (§ 111a SGB V).

Vorsorgeeinrichtungen sind Einrichtungen nach § 107 Abs. 2 SGB V, in denen Patienten untergebracht und verpflegt werden können (§ 107 Abs. 2 Nr. 3 SGB V) und die der stationären Behandlung von Patienten dienen, um eine Schwächung der Gesundheit, die in absehbarer Zeit voraussichtlich zu einer Krankheit führen würde, zu beseitigen oder einer Gefährdung der gesundheitlichen Entwicklung eines Kindes entgegenzuwirken (§ 107 Abs. 2 Nr. 1a SGB V).

Fachlich-medizinisch sollen sie unter ständiger ärztlicher Verantwortung und unter Mitwirkung von besonders geschultem Personal darauf ausgerichtet sein, den Gesundheitszustand der Patienten nach einem ärztlichen Behandlungsplan vorwiegend durch Anwendung von Heilmitteln einschließlich Krankengymnastik, Bewegungstherapie, Sprachtherapie oder Arbeits- und Beschäftigungstherapie, ferner durch andere geeignete Hilfen, auch durch geistige und seelische Einwirkungen, zu verbessern und den Patienten bei der Entwicklung eigener Abwehr- und Heilungskräfte zu helfen (§ 107 Abs. 2 Nr. 2 SGB V).

Ihrem Zweck nach zielen Vorsorgemaßnahmen in Vorsorgeeinrichtungen wie Leistungen in anerkannten Kurorten nach § 23 Abs. 2 SGB V auf interdisziplinär erbrachte, auf einem Vorsorgekonzept beruhende Komplexleistungen unter ärztlicher Leitung. Sie unterscheiden sich von Leistungen in anerkannten Kurorten durch die vollständige stationäre Einbindung der Versicherten. Sie kommen in Betracht, wenn ambulante Vorsorgeleistungen am Kurort etwa wegen fehlender Mobilität nicht durchgeführt werden können oder wenn ohne die Struktur, die besondere ärztliche Kontrolle oder sonstige Leistungen in der stationären Einrichtung der Vorsorgeerfolg nicht gewährleistet erscheint.

Art, Dauer und Umfang der stationären Leistung

Die Krankenkasse bestimmt nach den medizinischen Erfordernissen des Einzelfalls unter entsprechender Anwendung des Wunsch- und Wahlrechts der Leistungsberechtigten nach § 8 SGB IX Art, Dauer, Umfang, Beginn und Durchführung der stationären Leistung sowie die

Vorsorgeeinrichtung nach pflichtgemäßem Ermessen; die Kranken-
1 kasse berücksichtigt bei ihrer Entscheidung die besonderen Belange
pflegender Angehöriger.

Wahlrecht nach § 8 SGB IX

Bei der Entscheidung über die Leistungen und bei der Ausführung der Leistungen zur Teilhabe wird berechtigten Wünschen der Leistungsberechtigten entsprochen. Dabei wird auch auf die persönliche Lebenssituation, das Alter, das Geschlecht, die Familie sowie die religiösen und weltanschaulichen Bedürfnisse der Leistungsberechtigten Rücksicht genommen; im Übrigen gilt § 33 SGB I. Den besonderen Bedürfnissen von Müttern und Vätern mit Behinderungen bei der Erfüllung ihres Erziehungsauftrags sowie den besonderen Bedürfnissen von Kindern mit Behinderungen wird Rechnung getragen.

> **Wichtig:** Das Wunschrecht umfasst auch die weitere Ausführung der Leistungen. Auch während der Ausführung muss berechtigten Wünschen entsprochen werden, etwa indem mit dem Leistungserbringer entsprechende Rechte und Pflichten der teilnehmenden Personen und angemessene Mitwirkungsmöglichkeiten vereinbart werden (wie etwa die Gestaltung des Funktionstrainings, die Zusammenstellung der Therapiegruppe, die Berücksichtigung konkreter Terminwünsche, die zusätzliche Unterbringung des Partners des Leistungsberechtigten, die Gewährung einer Haushaltshilfe oder wohnortnaher und in Teilzeit nutzbarer Angebote).

Stationäre Leistungen sollen für längstens drei Wochen erbracht werden, es sei denn, eine Verlängerung der Leistung ist aus medizinischen Gründen dringend erforderlich. Eine Ausnahme besteht, wenn der Spitzenverband Bund der Krankenkassen – nach Anhörung der für die Wahrnehmung der Interessen der ambulanten und stationären Vorsorgeeinrichtungen auf Bundesebene maßgeblichen Spitzenorganisationen – in Leitlinien Indikationen festgelegt und diesen jeweils eine Regeldauer zugeordnet hat: Von dieser Regeldauer kann nur abgewichen werden, wenn dies aus dringenden medizinischen Gründen im Einzelfall erforderlich ist.

Wichtig: Medizinisch notwendige stationäre Vorsorgemaßnahmen für versicherte Kinder, die das 14. Lebensjahr noch nicht vollendet haben, sollen in der Regel für vier bis sechs Wochen erbracht werden.

Wartezeiten für eine erneute Reha

Ambulante Leistungen in anerkannten Kurorten können nicht vor Ablauf von drei, stationäre Leistungen der Vorsorge nicht vor Ablauf von vier Jahren nach Durchführung solcher oder ähnlicher Leistungen erbracht werden, deren Kosten aufgrund öffentlich-rechtlicher Vorschriften getragen oder bezuschusst worden sind, es sei denn, eine vorzeitige Leistung ist aus medizinischen Gründen dringend erforderlich bzw. dem Versicherten das Warten auf den Fristablauf unter Berücksichtigung aller Umstände des Einzelfalls nicht zuzumuten.

Bei der Prüfung der Vier-Jahres-Frist werden nicht nur Maßnahmen der Krankenkasse berücksichtigt. Vielmehr zählen auch Gesundheitsmaßnahmen der Rentenversicherungsträger, Maßnahmen der vorbeugenden Gesundheitshilfe nach dem SGB XII und Vorsorgemaßnahmen im Rahmen der Heilbehandlung und Krankenbehandlung nach dem SGB XII dazu.

Praxis-Tipp:

Wollen Sie eine ambulante oder stationäre Maßnahme vor Ablauf von drei bzw. vier Jahren erneut antreten, lassen Sie sich dies von Ihrem behandelnden Arzt bescheinigen und legen Sie diese Bescheinigung zusammen mit Ihrem Antrag der jeweiligen Krankenkasse vor.

Die Krankenkasse wird die Angelegenheit ggf. dem Medizinischen Dienst vorlegen, der eine entsprechende Prüfung durchführt. Ist die Entscheidung des Medizinischen Dienstes negativ, wird die Krankenkasse Ihren Antrag ablehnen.

Gegen diese Ablehnung können Sie Widerspruch erheben und eventuell im Klageverfahren vorgehen. Die Erhebung des Widerspruchs bzw. der Klage sollte allerdings nur dann erfolgen, wenn die Angelegenheit Aussicht auf Erfolg hat. Auch hier sollten Sie mit Ihrem behandelnden Arzt Rücksprache halten.

Wichtig: Bei einer mündlichen Ablehnung der Krankenkasse sollten Antragsteller immer einen widerspruchsfähigen Bescheid verlangen, wenn sie gegen die Ablehnung vorgehen wollen. In diesem Bescheid werden sie darüber informiert, wo und in welcher Frist der Widerspruch einzulegen ist.

Zuzahlungsregelung

Versicherte, die eine stationäre Vorsorgeleistung in Anspruch nehmen und das 18. Lebensjahr vollendet haben, zahlen je Kalendertag zehn Euro an die Einrichtung. Die Zahlung ist an die Krankenkasse weiterzuleiten.

Entscheidung durch die Krankenkassen

Folgende Prinzipien sind bei der Entscheidung über Vorsorge- und Rehabilitationsleistungen durch die Krankenkassen zu beachten:

- Die Indikation ergibt sich aus den sozialmedizinischen Erfordernissen des Einzelfalls.
- Die Leistungen müssen ausreichend, zweckmäßig und wirtschaftlich sein; sie dürfen das Maß des Notwendigen nicht überschreiten (§ 12 SGB V), hier gilt das sog. Wirtschaftlichkeitsgebot.

Hierbei gelten die Grundsätze:

- ambulant vor stationär
- Leistungen zur Rehabilitation und Teilhabe vor Rente
- Vorsorge/Rehabilitation vor Pflege

Für die Begutachtung von Anträgen auf Vorsorge- und Rehabilitationsleistungen sind von den Krankenkassen das biopsychosoziale Modell der WHO und die Internationale Klassifikation der Funktionsfähigkeit, Behinderung und Gesundheit (ICF) als konzeptionelles und begriffliches Bezugssystem zu berücksichtigen.

Diese Voraussetzungen der Begutachtung werden nun näher betrachtet.

Das biopsychosoziale Modell der WHO

Die ICF gehört zu der von der Weltgesundheitsorganisation (WHO) 2001 entwickelten „Familie von Klassifikationen" im Gesundheitswesen. Sie ergänzt die ICD (Internationale statistische Klassifikation der Krankheiten und verwandter Gesundheitsprobleme) um die Möglichkeit, Auswirkungen eines Gesundheitsproblems zu einem bestimmten Zeitpunkt auf unterschiedlichen Ebenen zu beschreiben. Nicht die Entwicklung der Auswirkung eines Gesundheitsproblems, sondern die Ausprägung selbst einschließlich der Einflussfaktoren zum Beurteilungszeitpunkt werden betrachtet. Diese sogenannte finale Betrachtung der Funktionsfähigkeit ist ein Grundprinzip der ICF.

Das der ICF zugrundeliegende biopsychosoziale Modell ermöglicht eine ganzheitliche Sichtweise. Zusätzlich wird über die dargestellten Wechselwirkungen zwischen dem Gesundheitsproblem und dem Lebenshintergrund einer betroffenen Person der sozialmedizinische Zugang zu Funktionsfähigkeit und Behinderung eröffnet.

Mit den Items können krankheits- und behinderungsbedingte Auswirkungen auf die Körperfunktionen und -strukturen, die Aktivitäten, die Teilhabe sowie mögliche Einflüsse aus der Umwelt standardisiert beschrieben werden.

Gesundheitsproblem

Der englische Begriff „health condition" wird mit dem etwas engeren Begriff „Gesundheitsproblem" übersetzt. Als Gesundheitsproblem werden beispielsweise bezeichnet:

- Krankheiten
- Gesundheitsstörungen
- Verletzungen
- Vergiftungen
- andere Umstände wie Schwangerschaft oder Rekonvaleszenz

Das Gesundheitsproblem wird für viele andere Zwecke als Krankheitsdiagnose oder -symptomatik mit der ICD-10-GM erfasst bzw. klassifiziert.

Die Konzeption der ICF

Die Konzeption der ICF beruht auf dem biopsychosozialen Modell der WHO, mithilfe dessen mögliche Wechselwirkungen verdeutlicht werden können.

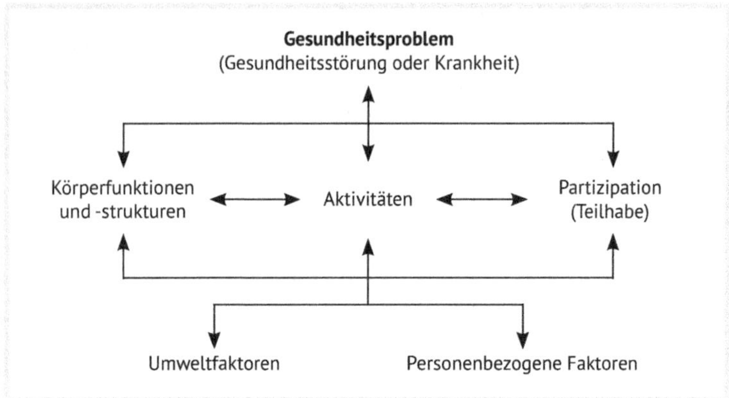

Wechselwirkungen zwischen dem Gesundheitsproblem und den Komponenten der ICF

Behinderung im Sinne einer Beeinträchtigung der Funktionsfähigkeit ist kein statisches Merkmal, sondern ein dynamischer Prozess. Die Komplexität der Wechselwirkungen lässt vielfältige Interventionsansätze erkennen, beispielsweise bei

- der Behandlung der Körperstruktur- und Funktionsschädigung selbst oder der Förderung verbliebener Fertigkeiten,
- der Verbesserung oder Kompensation beeinträchtigter Aktivitäten sowie
- der Verbesserung oder beim Ausgleich einer beeinträchtigten Teilhabe (Partizipation).

Das biopsychosoziale Modell der WHO ist damit eine unverzichtbare Matrix bei der Begutachtung der Indikation und Allokation für Leistungen der medizinischen Vorsorge und Rehabilitation.

Die Berücksichtigung von Kontextfaktoren (umwelt- und personenbezogene Faktoren)

Funktionsfähigkeit bzw. Behinderung sind einerseits abhängig von der Schwere und Art der Grunderkrankung, andererseits aber auch vom Einfluss der Kontextfaktoren. Bedeutsam sind Kontextfaktoren dann, wenn sie im Rahmen einer aktuellen Fragestellung als Förderfaktoren genutzt oder im negativen Fall (Barriere) günstig von außen beeinflusst werden sollen.

Umweltfaktoren bilden die materielle, soziale und einstellungsbezogene Umwelt, in der Menschen leben und ihr Leben gestalten. Diese Faktoren liegen außerhalb der Person. Fördernde Umweltfaktoren können beispielsweise barrierefreie Zugänge, Verfügbarkeit von Hilfsmitteln, Assistenz und Medikamenten sein. Schlechte Erreichbarkeit von Angeboten des Gesundheitssystems, fehlende soziale oder finanzielle Unterstützung können hingegen Barrieren darstellen.

Personenbezogene Faktoren sind in der Person liegende Faktoren, die in Wechselwirkung zu den anderen Komponenten der ICF stehen können. Sie umfassen Gegebenheiten, die nicht Teil des Gesundheitsproblems oder -zustands und nicht Teil der Umwelt sind. Personenbezogene Faktoren klassifizieren nicht Personen, sondern sind im Einzelfall bedeutsame Einflussfaktoren einer Person auf deren Funktionsfähigkeit.

Definition „Diagnose/Funktionsdiagnose“

Diagnose bezeichnet die Feststellung einer körperlichen oder psychischen Krankheit durch den Arzt. Sie entsteht durch die zusammenfassende Beurteilung einzelner Befunde wie Beschwerden, Krankheitszeichen (Symptome) oder typischer Gruppen von Symptomen (Syndrom). Das Bundesinstitut für Arzneimittelsicherheit stellt die ICD zur Verschlüsselung von Diagnosen in der ambulanten und stationären Versorgung in Deutschland zur Verfügung.

Definition „Kurative Versorgung“

Die kurative Versorgung im Sinne des SGB V ist, im Unterschied zur medizinischen Rehabilitation, primär zentriert auf das klinische Bild als Manifestation einer Krankheit/Schädigung. Kurative Versorgung ist

- kausal orientiert und fokussiert auf Heilung bzw. Remission oder bei Krankheiten mit Chronifizierungstendenz auf Vermeidung einer Verschlimmerung bzw. weiterer Krankheitsfolgen und
- trägt mit palliativen Behandlungsansätzen zur Linderung von Krankheitsbeschwerden bei.

Arten der Prävention

International wird zwischen Primär-, Sekundär- und Tertiärprävention unterschieden. Vorsorge im Sinne dieser Begutachtungsanleitung sind nur die Primär- und Sekundärprävention, Tertiärprävention ist weitestgehend identisch mit dem Begriff der Rehabilitation.

Primärprävention

Unter Primärprävention im Sinne des § 20 SGB V werden Leistungen zur Verhinderung und Verminderung von Krankheitsrisiken verstanden. Primärprävention zielt darauf ab, die Neuerkrankungsrate (Inzidenzrate) von Krankheiten zu senken. Primärprävention und Gesundheitsförderung sollen insbesondere zur Verminderung sozial bedingter sowie geschlechtsbezogener Ungleichheit von Gesundheitschancen beitragen.

Primärprävention setzt das Bestehen bestimmter Krankheitsrisiken voraus, Erkrankungen müssen aber im Einzelfall noch nicht drohen.

Maßnahmen der Primärprävention, die einzelne Personen, aber auch Personengruppen betreffen können, sind beispielsweise die Aufklärung und ggf. Vermittlung von Angeboten zu den Themen „gesunde Ernährung“, „körperliche Aktivität“, „Impfungen gegen Infektionskrankheiten“ und „Beseitigung von Gesundheitsrisiken“ im umwelt- und personenbezogenen Kontext.

Sekundärprävention

Sekundärprävention zielt darauf ab, die Krankenbestandsrate (Prävalenzrate) durch Maßnahmen der Frühdiagnostik und Frühtherapie zu verringern bzw. einer Zunahme entgegenzuwirken. Sie soll das Fortschreiten des Krankheitsprozesses verhindern bzw. dessen Umkehr bewirken sowie bestehende Beschwerden verringern. Längerfristige Beeinträchtigungen der Aktivitäten und Teilhabe sollen dadurch vermieden werden.

Vorsorgebedürftigkeit

Sie besteht, wenn beeinflussbare Risikofaktoren oder Gesundheitsstörungen vorliegen, die voraussichtlich in absehbarer Zeit zu einer Krankheit führen werden oder die gesundheitliche Entwicklung eines Kindes/Jugendlichen gefährdet ist (Primärprävention).

Vorsorgebedürftigkeit besteht auch, wenn bei manifester (chronischer) Krankheit längerfristige Beeinträchtigungen der Aktivitäten einschließlich Pflegebedürftigkeit drohen und deshalb verhindert werden sollen. Des Weiteren soll der Wiedererkrankung oder dem Fortschreiten der Krankheit entgegengewirkt werden (Sekundärprävention).

Bei der Beurteilung der Vorsorgebedürftigkeit sind die auf das Gesundheitsproblem sowohl positiv wie negativ wirkenden umwelt- und personenbezogenen Faktoren zu berücksichtigen. Beispiele für überwiegend negativ wirkende Kontextfaktoren können sein:

- Partner-/Eheprobleme, Trennung vom Partner
- Tod des Partners bzw. eines nahen Angehörigen
- chronische Krankheiten, Suchtproblematik von Angehörigen
- Schwierigkeiten bei der Problembewältigung, insbesondere von Alltagsproblemen
- ständiger Zeitdruck
- finanzielle Sorgen
- besondere berufliche/schulische und familiäre Belastungssituationen (z. B. Arbeitslosigkeit, Schichtarbeit, Schulwechsel, Pflege von Angehörigen)

- soziale Isolation
- beengte Wohnverhältnisse

Vorsorgefähigkeit

Vorsorgefähigkeit ist gegeben, wenn der Betroffene

- somatisch und psychisch in der Lage ist, aktiv am festgelegten Vorsorgeprogramm teilzunehmen und
- bereit ist bzw. befähigt werden kann, sein Gesundheitsverhalten konsequent im Sinne einer Risikobeseitigung bzw. -verminderung zu ändern oder durch Krankheitsbewältigungsstrategien (Coping) zu lernen, mit der (chronischen) Krankheit besser zu leben.

Antragsverfahren und -ablauf der Reha

Die Verordnung erfolgt durch den Haus- oder Facharzt mit dem Vordruckmuster 25. Diesen Vordruck reicht der Betroffene bei seiner zuständigen Krankenkasse ein.

Bei der Bewilligung von Leistungen nach § 23 SGB V hat die Krankenkasse gemäß § 275 Abs. 2 Nr. 1 SGB V vor Erstbewilligungen in Stichproben und bei Verlängerungen regelmäßig die Notwendigkeit der Leistungen durch den Medizinischen Dienst prüfen zu lassen. Dabei ist ein ärztlicher Behandlungsplan zu Grunde zu legen. Der Spitzenverband Bund der Krankenkassen hat in Richtlinien den Umfang und die Auswahl der Stichprobe zu regeln und kann Ausnahmen zulassen, wenn Prüfungen nach Indikation und Personenkreis nicht notwendig erscheinen. Maßgeblich dafür ist die „Richtlinie über Umfang und Auswahl der Stichproben bei der Begutachtung durch den Medizinischen Dienst der Krankenversicherung und Ausnahmen davon nach § 275 Abs. 2 Nr. 1 SGB V“ (Richtlinie MDK-Stichprobenprüfung).

Anregung einer ambulanten Vorsorgeleistung in anerkannten Kurorten gem. § 23 Abs. 2 SGB V

☐ **bei Schwächung der Gesundheit / zur Krankheitsverhütung**

☐ **zur Vermeidung der Verschlimmerung behandlungsbedürftiger Krankheiten**

☐ **bei Gefährdung der gesundheitlichen Entwicklung von Kindern**

Der/Die Versicherte ist bei mir in Behandlung seit: ☐☐☐☐☐☐

Risikofaktoren / Gefährdung, Regulations-, Befundlichkeitsstörungen, Beschwerden

☐ Erhöhter Blutdruck ☐ Bewegungsmangel / Fehlhaltung ☐ Übergewicht Fehlernährung ☐ Stress ☐ Rauchen

☐ Sonstige Risikofaktoren ____________________

☐ akute Beschwerden (ggf. auch Regulations-/Befindlichkeitsstörungen): ____________________

Relevante Diagnosen in der Reihenfolge ihrer med. Bedeutung	seit wann?	Ursache	Verlauf
1.			
2.			
3.			

Ursache: I = Unfallfolgen; 2 = Berufskrankheit; 3 = Gesundheitsschäden nach dem BVG
Verlauf: I = chronisch rezidivierend; 2 = chronisch progredient; 3 = konstitutionell umweltbedingte Neigung zu rezidivierenden somatischen Erkrankungen.

Schädigungen/Funktionsstörungen/Befund:

Datum der letzten Untersuchung: ☐☐☐☐☐☐

Aktuelle Befunde (z.B. Röntgen, EKG, Labor)/Untersuchungsberichte (z.B. Facharzt, Krankenhausentlassungsbericht)

☐ Kann bei Bedarf durch den MDK angefordert werden ☐ liegen nicht vor

Angestrebtes Vorsorgeziel (z.B. Schmerzlinderung, Verbesserung der Beweglichkeit, Abbau von Risikofaktoren, Verhaltensänderung)

Welche Behandlungen, Maßnahmen/Hilfen wurden in den letzten 12 Monaten durchgeführt?

☐ Krankengymnastik ☐ Physik. Therapie ☐ Summ-, Sprech- oder Sprachtherapie ☐ Ergotherapie
☐ Psychotherapie ☐ Patientenschulung ☐ Rehasport/Funktionstraining ☐ Selbsthilfegruppe

☐ Sonstige (z.B. Hilfsmittelversorgung: ____________________

Nur ausfüllen, sofern in den letzten 3 Jahren eine medizinische Vorsorgeleistung durchgeführt wurde!
Die Vorsorgeleistung ist vor Ablauf der gesetzlichen Wartezeit von 3 Jahren medizinisch dringend erforderlich (z.B. Verschlimmerung durch akuten Schub, andere Krankheiten, weil

Sind besondere Anforderungen an den Kurort zu stellen (z.B. Klima, Allergiefaktoren)?

☐ nein ☐ ja, welche ____________________

empfohlener Kurort: ____________________ Dauer: ______ Wochen

Durchführung der Vorsorgeleistungen in kompakter Form (Kompaktkur) ☐ ja ☐ nein

Ggf. weitere Bemerkungen: ____________________

- Für die Angaben des Arztes ist die Nr. 01623 EBM berechnungsfähig -

Hinweis: Die voranstehend erfragten Angaben werden benötigt, um über den Antrag des Versicherten auf Durchführung einer Vorsorgeleistung entscheiden zu können. Nach §§ 100 SGB X und 73 Abs. 2 Ziff. 9 SGB V sind Sie verpflichtet, den erbetenen Bericht zu erstellen.

Ort und Datum

Unterschrift und Stempel des Vertragsarztes

Muster 25 (4.2001)

1

Kuren im Ausland

Zunehmender Beliebtheit erfreuen sich Kuren im Ausland. Dies ist häufig in Ländern der Fall, die unmittelbar an Deutschland angrenzen und vielfältige Angebote für die Versicherten/Patienten bereitstellen.

In diesem Abschnitt wird aufgezeigt, was bei einer Kur im Ausland zu beachten ist und welche Voraussetzungen für die Inanspruchnahme gelten.

> ***Praxis-Tipp:***
>
> *Es gibt eine Gemeinsame Empfehlung zu Vorsorge- und Rehabilitationsleistungen im Ausland der Spitzenverbände der Krankenkassen vom 17.10.2013 zu den leistungsrechtlichen Voraussetzungen. Diese Empfehlung dient einer einheitlichen Rechtsanwendung in der Praxis der gesetzlichen Krankenversicherung.*

Nach § 16 Abs. 1 Nr. 1 SGB V ist eine Leistungserbringung durch die gesetzliche Krankenversicherung grundsätzlich auf den Geltungsbereich des Gesetzes, d. h. das Inland, beschränkt. Vorsorge- und Rehabilitationsleistungen gemäß §§ 23, 24, 40 und 41 SGB V sind im Ausland daher nur unter bestimmten Voraussetzungen bewilligungsfähig.

§ 13 Abs. 4 SGB V räumt den Versicherten grundsätzlich die Möglichkeit ein, Leistungserbringer in anderen Mitgliedstaaten der Europäischen Union sowie in anderen Vertragsstaaten des Abkommens über den Europäischen Wirtschaftsraum (EWR) im Rahmen der Kostenerstattung in Anspruch nehmen zu können.

Leistungsansprüche bestehen bei vorübergehendem Aufenthalt im EU-/EWR-Ausland auf Basis von verschiedenen Rechtsgrundlagen:

- auf Basis des überstaatlichen Rechts im Rahmen der EWG-Verordnungen über soziale Sicherheit Nr. 1408/71 und Nr. 574/72 grundsätzlich als Sachleistung
- auf Basis des innerstaatlichen Rechts im Rahmen des § 13 Abs. 4 Satz 1–5 SGB V in Verbindung mit der jeweiligen Satzung der Krankenkasse (Kostenerstattung)

- Die Krankenkasse kann die Kosten für im Ausland in Anspruch genommene Leistungen ganz oder teilweise in den Fällen übernehmen, in denen eine entsprechende Behandlung einer Krankheit nach dem allgemein anerkannten Stand der medizinischen Erkenntnisse nur im Ausland möglich ist (§§ 13 Abs. 4 Satz 6, 18 Abs. 1 SGB V). 1

Voraussetzung ist, dass die Krankheit – unabhängig vom Einzelfall – nicht im Inland behandelt werden kann.

Übersicht über Vorsorge- und Rehabilitationsleistungen im Ausland

Inanspruchnahme von Leistungserbringern im Ausland

Voraussetzung für einen Kostenerstattungsanspruch der Versicherten nach § 13 Abs. 4 SGB V ist, dass diese nur solche Leistungserbringer in Anspruch genommen haben,

- bei denen die Bedingungen des Zugangs und der Ausübung des Berufs Gegenstand einer Richtlinie der Europäischen Union sind (z. B. Ärzte, Masseure, Krankengymnasten) oder
- die im jeweiligen nationalen System der Krankenversicherung des Aufenthaltsstaates zur Versorgung der Versicherten berechtigt sind („Vertrags-Einrichtungen“ für Vorsorge und Rehabilitation, z. B. Kliniken und Thermaleinrichtungen, vgl. § 13 Abs. 4 Satz 2 SGB V).

Verträge mit Leistungserbringern

Nach § 140e SGB V können die Krankenkassen Verträge mit ausländischen Leistungserbringern, die die oben genannten Voraussetzungen erfüllen, schließen. Sofern vertragliche Beziehungen beabsichtigt sind, wird empfohlen, in diesen Verträgen auch Regelungen zur Qualitätssicherung aufzunehmen. Es wird davon ausgegangen, dass ausländische Einrichtungen die gleichen Qualitätsanforderungen wie inländische Vorsorge- und Rehabilitationseinrichtungen erfüllen müssen.

1

Vorsorge- und Rehabilitationsleistungen für Mütter und Väter im Ausland

Vorsorge- und Rehabilitationsleistungen für Mütter und Väter nach §§ 24 und 41 SGB V können nach dem derzeitigen Kenntnisstand nicht im Ausland durchgeführt werden, da derartige Leistungen nicht im jeweiligen Krankenversicherungssystem der ausländischen Staaten vorgesehen sind. Aktuell ist davon auszugehen, dass entsprechende Leistungsangebote für Versicherte nur in Deutschland existieren.

Antragsverfahren, Bewilligung

Ambulante und stationäre Vorsorge- und Rehabilitationsleistungen im EU-/EWR-Ausland sind wie im Inland vor ihrem Beginn unter Beifügung einer ärztlichen Verordnung bzw. eines Befundberichtes zu beantragen und durch die Krankenkasse ggf. nach vorheriger Einschaltung des MD zu entscheiden.

Im Falle einer Bewilligung von stationären Vorsorgeleistungen oder ambulanten und stationären Leistungen zur medizinischen Rehabilitation bestimmt die Krankenkasse nach den medizinischen Erfordernissen des Einzelfalls Art, Dauer, Umfang, Beginn und Durchführung der Leistungen sowie die Einrichtung nach pflichtgemäßem Ermessen (vgl. § 23 Abs. 5 Satz 1 und § 40 Abs. 3 Satz 1 SGB V). Bei der Auswahl der ausländischen Leistungserbringer sind die vorhandenen Verzeichnisse zu beachten.

> ***Praxis-Tipp:***
>
> *Diese Verzeichnisse können Sie bei Ihrer gesetzlichen Krankenkasse einsehen.*

Im Interesse der weiteren Versorgung des Versicherten durch den behandelnden Arzt am Wohnort ist ein ärztlicher (Entlassungs-)Bericht, möglichst in deutscher Sprache, wünschenswert.

Eine nachträgliche Kostenerstattung scheidet aufgrund fehlender Möglichkeiten zur Prüfung der Notwendigkeit der in Anspruch genommenen Leistungen aus.

Verfahren der Kostenerstattung

Die Kostenerstattung nach § 13 Abs. 4 Satz 1–5 SGB V können Versicherte, die sich in einem anderen EWR-Staat behandeln lassen, nur dann beanspruchen, wenn alle nach deutschem Recht maßgeblichen Voraussetzungen erfüllt sind.

Die Satzung der Krankenkasse hat das Verfahren der Kostenerstattung zu regeln. Sie hat dabei ausreichende Abschläge vom Erstattungsbetrag für Verwaltungskosten und fehlende Wirtschaftlichkeitsprüfungen – sog. Verwaltungskostenabschläge – vorzusehen. Darüber hinaus sind die gesetzlichen Zuzahlungen (auch Verordnungsgebühr, Eigenanteil) in Abzug zu bringen.

Der Verwaltungskostenabschlag wird auf der Basis des festgestellten Erstattungsbetrages ermittelt.

Erforderlich für eine Kostenerstattung ist die Vorlage quittierter und spezifizierter Rechnungen (Name, Vorname des Versicherten, Bezeichnung der Leistung, Betrag, Datum der Abgabe, Stempel der abgebenden Stelle) sowie z. B. bei der Abgabe von Heilmitteln im Rahmen ambulanter Vorsorgeleistungen im Kurort gemäß § 23 Abs. 2 SGB V eine (kur-)ärztliche Verordnung.

Damit die Krankenkasse eine möglichst genaue Kostenerstattung vornehmen kann, ist ggf. eine detaillierte Übersetzung der Auslandsrechnung und ggf. der ärztlichen Verordnungen unverzichtbar. Sollte sich aus den eingereichten Unterlagen in ausländischer Sprache der Sachverhalt nicht eindeutig nachvollziehen lassen, so hat der Versicherte eine beglaubigte oder von einem öffentlich bestellten, vereidigten Dolmetscher oder Übersetzer angefertigte Übersetzung vorzulegen. Bezüglich der Übersetzungskosten ist § 19 Abs. 2 SGB X zu beachten.

Höhe der Kostenerstattung bei Auslandserstattungen

Der Leistungsumfang richtet sich nach dem SGB V (§§ 23 und 40 SGB V) und nicht nach den Bestimmungen im jeweiligen Krankenversicherungssystem des ausländischen Staates.

Der Anspruch auf Kostenerstattung besteht höchstens in Höhe der Vergütung, die die Krankenkasse bei Erbringung als Sachleistung im

Inland zu tragen hätte. Hiervon abweichend besteht ein Anspruch auf
1 volle oder teilweise Kostenübernahme in den Fällen nach § 13 Abs. 4 Satz 6 und § 18 Abs. 1 SGB V (Behandlung nur im Ausland möglich).

Bei der Ermittlung der deutschen Vertragssätze für Kostenerstattungsfälle ist Folgendes zu beachten:

Ambulante Vorsorgeleistungen im Kurort	
(kur-)ärztliche Leistungen	Pauschale gem. Kurarztvertrag, ggf. nach BMÄ/E-GO
Heilmittel nach den Heilmittel-Richtlinien	landes-/bundesweite Vergütungsliste mit Leistungserbringerverbänden
ortsgebundene Heilmittel	Orientierung an den mit deutschen Kurorten vereinbarten Vergütungen vergleichbarer Leistungen
Gesundheitsförderungsmaßnahmen	Orientierung an den mit deutschen Kurorten vereinbarten Vergütungen vergleichbarer Leistungen
sonstige Kosten	Zuschuss gemäß Satzung (§ 23 Abs. 2 Satz 2 und 3 SGB V)

Ist der Rechnungsbetrag höher als die deutschen Vertragssätze, sind die Zuzahlungen auf der Grundlage der Inlandssätze zu ermitteln.

Ist der Rechnungsbetrag niedriger als die deutschen Vertragssätze, sind die Zuzahlungen vom Rechnungsbetrag ausgehend zu ermitteln.

Stationäre Vorsorge- und Rehabilitationsleistungen im Ausland

Es gilt der Vergütungssatz einer vergleichbaren deutschen Einrichtung, mit der ein Versorgungsvertrag nach § 111 SGB V besteht und im Inland belegt worden wäre, unter Beachtung der Indikation und Erreichbarkeit.

Ambulante Rehabilitation

Es gilt der Vergütungssatz der nächsterreichbaren und zugelassenen ambulanten Rehabilitationseinrichtung unter Beachtung der Indikation.

> ***Praxis-Tipp:***
>
> *Als kalendertägliche Zuzahlung bei stationären Vorsorge- und Rehabilitationsleistungen bzw. bei ambulanter Rehabilitation ist die Zuzahlung von zehn Euro je Behandlungstag zu berücksichtigen.* 1

Bei der Umrechnung der in Fremdwährung verauslagten Leistungsaufwendungen in Euro ist der Umrechnungskurs am Tag der Rechnungslegung maßgebend.

Fahrkosten

Bei ambulanten Vorsorgeleistungen am Kurort ist eine Fahrkostenerstattung ausgeschlossen; ggf. anfallende Kosten sind mit dem nach der Satzung möglichen täglichen Zuschuss zu den übrigen Kosten der Vorsorgeleistung abgegolten.

Bei stationären Vorsorgeleistungen sowie ambulanten und stationären Rehabilitationsleistungen kommt eine Fahrkostenerstattung als Nebenleistung nur für Fahrten vom Wohnort bis zur nächsten geeigneten inländischen Vorsorge- bzw. Rehabilitationseinrichtung, mit der ein Versorgungsvertrag nach § 111 SGB V besteht bzw. die zur ambulanten Rehabilitation zugelassen ist, und zurück in Betracht. Bei ambulanten und stationären Rehabilitationsleistungen sind keine Zuzahlungen zu Fahrkosten zu leisten.

Bei Leistungen nach § 13 Abs. 4 Satz 6 und § 18 Abs. 1 SGB V (Behandlung nur im Ausland möglich) sind die anfallenden Fahr- und andere Reisekosten, ggf. abzüglich der gesetzlichen Zuzahlung, ganz oder teilweise zu übernehmen.

Stationäre Vorsorgeleistungen für Mütter und Väter

Nach § 24 SGB V haben Versicherte unter den genannten Voraussetzungen des § 23 Abs. 1 SGB V Anspruch auf aus medizinischen Gründen erforderliche Vorsorgeleistungen in einer Einrichtung des Müttergenesungswerks oder einer gleichartigen Einrichtung, sofern mit ihr ein Versorgungsvertrag besteht; die Leistung kann in Form einer Mutter-

Kind-Maßnahme erbracht werden. Dies gilt auch für Vater-Kind-Maßnahmen in dafür geeigneten Einrichtungen.

Die Landesverbände der Krankenkassen und die Ersatzkassen gemeinsam schließen mit Wirkung für ihre Mitgliedskassen einheitliche Versorgungsverträge über die Durchführung der stationären Vorsorgeleistungen genannten Leistungen mit Vorsorge- oder Rehabilitationseinrichtungen, die

- die Anforderungen des § 107 Abs. 2 SGB V erfüllen und
- für eine bedarfsgerechte, leistungsfähige und wirtschaftliche Versorgung der Versicherten ihrer Mitgliedskassen mit stationären medizinischen Leistungen zur Vorsorge oder Leistungen zur medizinischen Rehabilitation einschließlich der Anschlussheilbehandlung notwendig sind.

§

§ 107 Abs. 2 SGB V:

(2) Vorsorge- oder Rehabilitationseinrichtungen im Sinne dieses Gesetzbuchs sind Einrichtungen, die

1. der stationären Behandlung der Patienten dienen, um
   a) eine Schwächung der Gesundheit, die in absehbarer Zeit voraussichtlich zu einer Krankheit führen würde, zu beseitigen oder einer Gefährdung der gesundheitlichen Entwicklung eines Kindes entgegenzuwirken (Vorsorge) oder
   b) eine Krankheit zu heilen, ihre Verschlimmerung zu verhüten oder Krankheitsbeschwerden zu lindern oder im Anschluß an Krankenhausbehandlung den dabei erzielten Behandlungserfolg zu sichern oder zu festigen, auch mit dem Ziel, eine drohende Behinderung oder Pflegebedürftigkeit abzuwenden, zu beseitigen, zu mindern, auszugleichen, ihre Verschlimmerung zu verhüten oder ihre Folgen zu mildern (Rehabilitation), wobei Leistungen der aktivierenden Pflege nicht von den Krankenkassen übernommen werden dürfen,
2. fachlich-medizinisch unter ständiger ärztlicher Verantwortung und unter Mitwirkung von besonders geschultem Personal darauf eingerichtet sind, den Gesundheitszustand der Patienten nach einem ärztlichen Behandlungsplan vorwiegend durch Anwendung von

Heilmitteln einschließlich Krankengymnastik, Bewegungstherapie, Sprachtherapie oder Arbeits- und Beschäftigungstherapie, ferner durch andere geeignete Hilfen, auch durch geistige und seelische Einwirkungen, zu verbessern und den Patienten bei der Entwicklung eigener Abwehr- und Heilungskräfte zu helfen,

und in denen

3. die Patienten untergebracht und verpflegt werden können.

Die Leistungen für Mütter und Väter sind Leistungen, auf welche die Versicherten einen Rechtsanspruch haben.

Beim Anspruch auf diese Leistungen wird klargestellt, dass bei Vorsorgeleistungen für Mütter und Väter ambulante Behandlungsmöglichkeiten nicht ausgeschöpft sein müssen, wenn das angestrebte Vorsorgeziel nicht mit diesen Maßnahmen zu erreichen ist. Dies entspricht der Begutachtungs-Richtlinie Vorsorge und Rehabilitation des Medizinischen Dienstes.

Vorsorgeleistungen für Mütter und Väter sind ausschließlich stationär in Einrichtungen mit einem Versorgungsvertrag nach § 111a SGB V zu erbringen. Die ambulante Erbringung einer komplexen Vorsorgeleistung nach § 24 SGB V ist im Gesetz nicht vorgesehen. Insofern kommt bei der Notwendigkeit einer Herausnahme aus dem häuslichen Umfeld nur eine stationäre Vorsorge in Betracht. Entsprechende Leistungen können als Mutter- bzw. Mutter-Kind-Maßnahme oder als Vater- bzw. Vater-Kind-Maßnahme erbracht werden.

Im Rahmen der primär- und sekundärpräventiven Ausrichtung verfolgen die Leistungen unter Berücksichtigung der allgemeinen und mütter-/väterspezifischen Kontextfaktoren das Ziel, den spezifischen Gesundheitsrisiken und ggf. bestehenden Erkrankungen von Müttern und Vätern im Rahmen stationärer Vorsorgeleistungen durch eine ganzheitliche Therapie unter Einbeziehung psychologischer, psychosozialer und gesundheitsfördernder Hilfen entgegenzuwirken. Dabei handelt es sich um Angebote, bei denen insbesondere psychosoziale Problemsituationen von Familien (z. B. Partnerschafts- und Erziehungsprobleme) berücksichtigt werden.

Das Leistungsangebot ist auf die besonderen Bedürfnisse der Mütter/Väter und ggf. Kinder ausgerichtet. Beispielsweise finden sich bei Müttern/Vätern gehäuft nachfolgend genannte Gesundheitsstörungen:

- Erschöpfungssyndrom (Burn-out-Syndrom)
- unspezifische muskuloskeletale Beschwerden
- Anpassungsstörung
- Unruhe- und Angstgefühle
- depressive Verstimmung
- Schlafstörungen
- Kopfschmerzen
- Unter-/Über-/Fehlernährung
- funktionelle Magen-Darm-Probleme
- funktionelle Sexualstörungen

Insbesondere aus den oben genannten Gesundheitsstörungen kann sich die Indikation zu einer Vorsorgeleistung ergeben, sofern die medizinischen Indikationskriterien (Vorsorgebedürftigkeit, Vorsorgefähigkeit, Vorsorgeziele und Vorsorgeprognose) erfüllt sind.

Antragstellung

Gemeinsam mit dem Arzt wird die Notwendigkeit einer medizinischen Vorsorgekur nach § 24 SGB V besprochen. Wenn der Arzt dies aus medizinischer Sicht befürwortet, erstellt er eine ärztliche Verordnung auf dem Vordruckmuster 64 Teil A und sendet diese an die zuständige Krankenkasse.

Die Krankenkassen haben durch den Medizinischen Dienst die Notwendigkeit der Leistungen nach § 24 SGB V unter Zugrundelegung eines ärztlichen Behandlungsplans in Stichproben vor Bewilligung und regelmäßig bei beantragter Verlängerung prüfen zu lassen. Der Spitzenverband Bund der Krankenkassen regelt in Richtlinien den Umfang und die Auswahl der Stichprobe und kann Ausnahmen zulassen, wenn Prüfungen nach Indikation und Personenkreis nicht notwendig erscheinen.

> ***Praxis-Tipp:***
>
> *Ihre Krankenkasse darf dem Medizinischen Dienst nur noch Stichproben (25 Prozent der eingereichten Fälle) zur Prüfung der medizinischen Notwendigkeit vorlegen. In allen anderen Fällen gilt grundsätzlich die ärztliche Verordnung als ausreichend.*

Zuzahlung durch den Versicherten

Bei stationären Vorsorgeleistungen für Mütter und Väter sieht das Gesetz eine Zuzahlungspflicht der Versicherten vor.

> **Wichtig:** Das gilt für Versicherte, die das 18. Lebensjahr vollendet haben. Zu zahlen ist je Kalendertag ein Betrag von zehn Euro. Die gleiche Zuzahlungspflicht besteht bei medizinischen Vorsorgeleistungen für Mütter und Väter, wenn die Kosten der medizinischen Vorsorgeleistungen voll von der Krankenkasse übernommen werden.

Gesundheits- oder Präventionsreisen

Präventionsreisen ermöglichen es, sich einmal für ein paar Tage aktiv auf die eigene Gesundheit zu konzentrieren. Die gesetzlichen Krankenkassen bezuschussen verschiedene Angebote, in denen Versicherte auf Präventionsreisen ihre Gesundheit fördern können und dabei von den Krankenkassen finanziell unterstützt werden.

Was ist eine Präventionsreise?

Eine Auszeit tut gut und kann dabei helfen, gesund zu bleiben. Genau das ist der Ansatz von Präventionsreisen. Sie bieten die Möglichkeit, sich ein paar Tage am Stück einmal auf sich selbst und die eigene Gesundheit zu konzentrieren. Präventionsreisen eignen sich daher besonders gut für Menschen, denen z. B. aufgrund hoher zeitlicher Einbindung in Beruf und Familie die Zeit fehlt, um im Alltag an einem Gesundheitskurs teilzunehmen.

Es gibt verschiedene Ziele für Präventionsreisen: im In- oder Ausland, am Strand, in den Bergen, in der Stadt oder auf dem Land. Und es gibt auch unterschiedliche Schwerpunkte, denen sich Präventionsreisen widmen. Einige beschäftigen sich mit dem Thema Stressreduktion und bieten Meditations- und Entspannungsübungen sowie Kurse zum Stressmanagement an. Andere stehen im Zeichen von Ernährung und Bewegung. Die Teilnehmer lernen, wie sie wieder fit in den Alltag starten.

Wer kann an einer Präventionsreise teilnehmen?

Präventionsreisen richten sich insbesondere an Personen, die z. B. aufgrund ihres Wohnorts, aus beruflichen Gründen wie unregelmäßigen Arbeitszeiten oder Schichtarbeit sowie aufgrund von familiären und privaten Belastungen nicht an wöchentlich stattfindenden Präventionsangeboten teilnehmen können.

Leistung der Krankenkassen

Die Krankenkassen dürfen sich nur an den Kosten für ein qualitätsgesichertes, zertifiziertes Präventionsangebot beteiligen. Dazu gehören insbesondere Kursangebote und Gesundheitsanwendungen, die im Rahmen von Präventionsreisen angeboten werden.

Dazu gehören Entspannungstechniken wie autogenes Training, Yoga oder aktive Angebote wie Nordic Walking oder Lauftraining zur Stärkung des Herz-Kreislauf-Systems.

Wichtig: Für die übrigen Kosten, die bei der Teilnahme an einer Präventionsreise entstehen, z. B. für die Anreise, Übernachtung und Verpflegung, können die Krankenkassen keinen Zuschuss zahlen, bieten aber oft im Rahmen von Kooperationen mit bestimmten Anbietern günstige Konditionen an.

Praxis-Tipp:

Erkundigen Sie sich bei Ihrer Krankenkasse nach den entsprechenden Angeboten und Zuschussmöglichkeiten. Oftmals finden Sie die Angebote auch auf der Webseite Ihrer Krankenkasse.

2.

Medizinische Rehabilitation

Arten der Rehabilitation

Nach § 5 SGB IX werden die Leistungen der Rehabilitation in vier Bereiche eingeteilt. Diese umfassen:

- Leistungen zur medizinischen Rehabilitation
- Leistungen zur Teilhabe am Arbeitsleben
- Leistungen zur Teilhabe an Bildung
- Leistungen zur sozialen Teilhabe
- Unterhaltssichernde und ergänzende Leistungen

Der Gesetzgeber spricht als Oberbegriff bei den vier Bereichen von den Leistungen zur Teilhabe am Leben in der Gemeinschaft. Die gesetzlichen Regelungen zur Rehabilitation ergeben sich grundsätzlich aus dem SGB IX.

Leistungen zur Teilhabe am Arbeitsleben

Nach § 49 SGB IX werden zur Teilhabe am Arbeitsleben die erforderlichen Leistungen erbracht, um die Erwerbsfähigkeit von Menschen mit Behinderungen oder von Behinderung bedrohter Menschen entsprechend ihrer Leistungsfähigkeit zu erhalten, zu verbessern, herzustellen oder wiederherzustellen und ihre Teilhabe am Arbeitsleben möglichst auf Dauer zu sichern.

Die Leistungen zur Teilhabe am Arbeitsleben umfassen insbesondere

- Hilfen zur Erhaltung oder Erlangung eines Arbeitsplatzes einschließlich Leistungen zur Aktivierung und beruflichen Eingliederung,
- eine Berufsvorbereitung einschließlich einer wegen der Behinderung erforderlichen Grundausbildung,
- die individuelle betriebliche Qualifizierung im Rahmen Unterstützter Beschäftigung,
- die berufliche Anpassung und Weiterbildung, auch soweit die Leistungen einen zur Teilnahme erforderlichen schulischen Abschluss einschließen,
- die berufliche Ausbildung, auch soweit die Leistungen in einem zeitlich nicht überwiegenden Abschnitt schulisch durchgeführt werden,

- die Förderung der Aufnahme einer selbstständigen Tätigkeit durch die Rehabilitationsträger nach § 6 Abs. 1 Nr. 2–5 SGB IX und
- sonstige Hilfen zur Förderung der Teilhabe am Arbeitsleben, um Menschen mit Behinderungen eine angemessene und geeignete Beschäftigung oder eine selbstständige Tätigkeit zu ermöglichen und zu erhalten.

Leistungen zur Teilhabe an Bildung

Nach § 75 SGB IX werden zur Teilhabe an Bildung unterstützende Leistungen erbracht, die erforderlich sind, damit Menschen mit Behinderungen Bildungsangebote gleichberechtigt wahrnehmen können.

Die Leistungen umfassen insbesondere

- Hilfen zur Schulbildung, insbesondere im Rahmen der Schulpflicht einschließlich der Vorbereitung hierzu,
- Hilfen zur schulischen Berufsausbildung,
- Hilfen zur Hochschulbildung und
- Hilfen zur schulischen und hochschulischen beruflichen Weiterbildung.

Leistungen zur sozialen Teilhabe

Nach § 76 SGB IX werden Leistungen zur sozialen Teilhabe erbracht, um eine gleichberechtigte Teilhabe am Leben in der Gemeinschaft zu ermöglichen oder zu erleichtern. Hierzu gehört, Leistungsberechtigte zu einer möglichst selbstbestimmten und eigenverantwortlichen Lebensführung im eigenen Wohnraum sowie in ihrem Sozialraum zu befähigen oder sie hierbei zu unterstützen.

Leistungen zur sozialen Teilhabe sind insbesondere

- Leistungen für Wohnraum,
- Assistenzleistungen,
- heilpädagogische Leistungen,
- Leistungen zur Betreuung in einer Pflegefamilie,
- Leistungen zum Erwerb und Erhalt praktischer Kenntnisse und Fähigkeiten,
- Leistungen zur Förderung der Verständigung,

- Leistungen zur Mobilität und
- Hilfsmittel.

Leistungen zur medizinischen Rehabilitation

Dieses Buch befasst sich mit dem Begriff und den Inhalten der medizinischen Rehabilitation. Dazu ist zuerst die Frage zu beantworten, was unter dem Begriff der Rehabilitation zu verstehen ist.

Begriff „Rehabilitation"

Medizinische Rehabilitation, im Folgenden abgekürzt als Rehabilitation bezeichnet, ist eine komplexe (interdisziplinäre und mehrdimensionale) Leistung, die u. a. dadurch gekennzeichnet ist, dass mehrere Berufsgruppen unter ärztlicher Leitung an der Therapie beteiligt sind, Therapiepläne und -fortschritte der Rehabilitanden im Rehabilitationsteam besprochen werden und die einzelnen Therapien inhaltlich und zeitlich aufeinander abgestimmt sind.

Rehabilitation schließt alle Leistungen ein, die darauf gerichtet sind,

- eine drohende Beeinträchtigung der Teilhabe abzuwenden bzw.
- eine bereits eingetretene Beeinträchtigung der Teilhabe zu beseitigen, zu vermindern oder deren Verschlimmerung zu verhüten.

Die Teilhabe kann bedroht sein, wenn neben Schädigungen nicht nur vorübergehende alltagsrelevante Beeinträchtigungen der Aktivitäten bestehen.

Voraussetzung für eine Leistung der medizinischen Rehabilitation ist eine Rehabilitationsbedürftigkeit und die Rehabilitationsfähigkeit des Versicherten.

Rehabilitationsbedürftigkeit

Rehabilitationsbedürftigkeit besteht, wenn aufgrund einer körperlichen, geistigen oder seelischen Schädigung

- voraussichtlich nicht nur vorübergehende alltagsrelevante Beeinträchtigungen der Aktivitäten vorliegen, durch die in absehbarer Zeit eine Beeinträchtigung der Teilhabe droht, oder
- Beeinträchtigungen der Teilhabe bereits bestehen und

- über die kurative Versorgung hinaus der mehrdimensionale und interdisziplinäre Ansatz der medizinischen Rehabilitation erforderlich ist.

Zu den Beeinträchtigungen der Teilhabe gehört auch der Zustand der 2
Pflegebedürftigkeit.

Die Definition der Rehabilitationsbedürftigkeit aus der Rehabilitations-Richtlinie setzt ein Gesundheitsproblem voraus, sodass Teilhabebeeinträchtigungen in diesem Kontext auch nur im Zusammenhang mit einem Gesundheitsproblem zu verstehen sind. Drohende oder bereits bestehende Teilhabebeeinträchtigungen resultieren aus den nicht nur vorübergehend beeinträchtigten Aktivitäten, weshalb Letztere unter Berücksichtigung der individuellen Kontextfaktoren für die Planung des Rehabilitationsprozesses von zentraler Bedeutung sind.

Bei der Beurteilung der Rehabilitationsbedürftigkeit sind sowohl umwelt- als auch personenbezogene Faktoren zu berücksichtigen.

Rehabilitationsfähigkeit

Rehabilitationsfähig ist ein Versicherter, wenn er aufgrund seiner somatischen und psychischen Verfassung die für die Durchführung und die Mitwirkung bei der Rehabilitationsleistung notwendige Belastbarkeit besitzt.

Die Anforderungen an die Belastbarkeit des Rehabilitanden unterscheiden sich allerdings in Abhängigkeit der Indikation der Rehabilitationsleistung. So ist die Rehabilitationsfähigkeit für z. B. eine kardiologische Rehabilitation eine andere als diejenige für eine Rehabilitation bei muskuloskeletalen Erkrankungen und wiederum eine andere als für eine geriatrische Rehabilitation.

Rehabilitationsziele

Die Rehabilitationsziele bestehen darin, möglichst frühzeitig voraussichtlich nicht nur vorübergehende alltagsrelevante Beeinträchtigungen der Aktivitäten zu beseitigen, zu vermindern oder eine Verschlimmerung zu verhüten, um die drohende Beeinträchtigung der Teilhabe abzuwenden bzw. eine bereits eingetretene Beeinträchtigung zu beseitigen, zu vermindern oder deren Verschlimmerung zu verhüten.

Realistische Rehabilitationsziele leiten sich aus den für die Versicherten alltagsrelevanten Aktivitäts- und Teilhabebeeinträchtigungen ab. Rehabilitationsziele müssen für jeden Rehabilitanden individuell formuliert werden. Die Festlegung von Rehabilitationszielen erfolgt in einem partizipativen Prozess mit dem Versicherten.

Ziele der Rehabilitation können sein:

- vollständige Wiederherstellung des ursprünglichen Aktivitätsniveaus (Restitutio ad integrum)
- größtmögliche Wiederherstellung der Aktivitäten (Restitutio ad optimum)
- Ersatzstrategien bzw. Nutzung verbliebener Funktionen und Aktivitäten (Kompensation)
- Anpassung der Umweltbedingungen an die bestehenden Beeinträchtigungen der Aktivitäten oder der Teilhabe der oder des Versicherten (Adaption)

Um die angestrebten Rehabilitationsziele zu erreichen, sind die vorbestehenden Schädigungen bzw. deren Beeinflussung durch die rehabilitative Therapie zu berücksichtigen.

Rehabilitationsprognose

Die Rehabilitationsprognose ist eine medizinisch begründete Wahrscheinlichkeitsaussage über die Erreichbarkeit eines festgelegten Rehabilitationsziels

- auf der Basis der Erkrankung oder Behinderung, des bisherigen Verlaufs, des Kompensationspotenzials und der Rückbildungsfähigkeit unter Beachtung und Förderung individueller Ressourcen,
- vor dem Hintergrund der individuell relevanten umwelt- und personenbezogenen Faktoren (z. B. Hilfsmittel, Unterstützung durch Familienangehörige, Offenheit gegenüber neuen Erfahrungen, Selbstvertrauen, Einstellung zur Krankheit und Behinderung, Selbstkompetenz, Gewohnheiten),
- durch eine geeignete Leistung zur medizinischen Rehabilitation und
- in einem notwendigen Zeitraum.

Beispiel:

Ein gelernter Fliesenleger kann infolge eines Bandscheibenvorfalls nicht mehr in knieender Haltung arbeiten. Da er seinen gelernten Beruf nicht mehr ausüben kann, sollte er im Rahmen einer Rehabilitationsmaßnahme etwa in einem Berufsförderungswerk für einen anderen Beruf umgeschult werden, da andernfalls seine Erwerbsfähigkeit dauerhaft aufgehoben sein könnte.

Die gesetzlichen Krankenkassen sehen beispielsweise bei Versicherten einen Rehabilitationsbedarf, wenn ihnen Pflegebedürftigkeit droht. So ist einem Patienten, der einen Schlaganfall erlitten hat, durch geeignete Maßnahmen dabei zu helfen, mit seinen eingeschränkten körperlichen Fähigkeiten die Verrichtungen des täglichen Lebens eigenständig neu zu erlernen, z. B. durch ein Umstellen von Rechts- auf Linkshänder.

Eine Rehabilitationsfähigkeit wird anerkannt, wenn die somatische und die psychische Verfassung, d. h. die Motivation und Aktivierbarkeit des Patienten sowie seine Belastbarkeit, die Teilnahme an einer geeigneten Rehabilitation zulassen.

Die Rehabilitationsprognose gibt eine Aussage darüber ab, wie wahrscheinlich der Erfolg der Maßnahme ist. Das ist die Voraussetzung dafür, dass der zuständige Kostenträger die Rehabilitation bewilligt. Die Rehabilitationsprognose orientiert sich vor allem an zwei Fragen:

- Ist das angestrebte Ziel erreichbar, kann also die Reha dazu dienen, drohende oder bestehende Beeinträchtigungen zu vermeiden oder zu verringern?
- Ist dieses Ziel nach gesicherten wissenschaftlichen Erkenntnissen auch zu erreichen, wenn die vorgeschlagene Reha-Maßnahme möglichst sparsam eingesetzt wird?

Die Antworten auf diese Fragen müssen medizinisch begründet werden. Sie berücksichtigen u. a. den bisherigen Verlauf einer Erkrankung, psychosoziale Faktoren des Patienten wie sein familiäres Umfeld oder seine berufliche Situation sowie die Frage, in welchem Zeitraum das gewünschte Rehabilitationsziel zu erreichen ist.

Zuständigkeit der verschiedenen Rehabilitationsträger

Jeder Versicherte kann Rehabilitationsmaßnahmen in Anspruch nehmen. Wie bereits erwähnt, gibt es unterschiedliche Arten der Rehabilitation und dadurch bedingt auch eine Vielzahl von möglichen Rehabilitationsträgern. Die Frage der Zuständigkeit ergibt sich aus der jeweiligen Zielsetzung und dem Status des Versicherten:

Zielgruppe/Zielsetzung	Kostenträger/Sozialgesetzbuch	Kernbereiche
berufstätige Menschen „Rehabilitation vor Rente“	gesetzliche Rentenversicherung SGB VI	medizinische Rehabilitation berufliche Rehabilitation Rente bei verminderter Erwerbsfähigkeit
Rentner Mütter und Väter	gesetzliche Rentenversicherung SGB V	medizinische Rehabilitation Mutter-/Vater-Kind-Kuren
Betroffene von Arbeitsunfällen	gesetzliche Rentenversicherung SGB VII	medizinische/berufliche Rehabilitation finanzielle Entschädigung
arbeitssuchende Menschen von Arbeitslosigkeit bedrohte Menschen	Arbeitsförderung Bundesagentur für Arbeit SGB III	berufliche Rehabilitation Aus-, Fort- und Weiterbildung Arbeitsvermittlung
Kriegsopfer Opfer von Gewaltverbrechen schwerbehinderte Menschen	soziale Entschädigung Versorgungsämter Fürsorgestellen SGB IX	medizinische/berufliche/soziale Rehabilitation Nachteilsausgleiche

Wann stehen Ihnen Rehabilitationsmaßnahmen zu?

Potenzielle Anspruchsinhaber für alle Leistungen der Rehabilitation sind Menschen mit Behinderung sowie von Behinderung bedrohte

Menschen. Ziel der Leistungen ist es, ihre Selbstbestimmung und ihre volle, wirksame und gleichberechtigte Teilhabe am Leben in der Gemeinschaft zu fördern, Benachteiligungen zu vermeiden oder ihnen entgegenzuwirken.

Beispiel:

Herr Bauer, 78 Jahre, ist noch sehr rüstig und gesetzlich krankenversichert. Seit er vor zwölf Jahren in Rente gegangen ist, kümmert er sich allein um sein Haus und seinen Garten. Oft ist er auch mit seinen Enkelkindern unterwegs. Bei Gartenarbeiten fällt er plötzlich von der Leiter und erleidet einen Oberschenkelhalsbruch. Im Krankenhaus muss er sich langwierigen Behandlungen unterziehen. Doch auch nach seiner Rückkehr nach Hause hat er noch massive Beschwerden. Als er bei der Nachbarin über seine Einschränkungen klagt, schlägt sie ihm vor, er solle eine Reha machen. Auf diese Idee ist er bisher noch nicht gekommen und auch seine behandelnden Ärzte haben ihn nicht darauf aufmerksam gemacht. Herr Bauer ist grundsätzlich ein von Behinderung bedrohter Mensch und somit hat er Anspruch auf Leistungen der medizinischen Rehabilitation in Form einer ambulanten oder stationären Maßnahme. Da er bereits Rentner ist, ist für ihn die gesetzliche Krankenversicherung als zuständiger Rehabilitationsträger zuständig.

Phasen der Rehabilitation

Das neurologische Phasenmodell am Beispiel Apoplex (Schlaganfall)

- **Phase A:** Medizinische Akutbehandlung
  Wird ein Patient mit einem akut erlittenen Schlaganfall in ein Krankenhaus (z. B. auf eine spezielle Abteilung für Schlaganfallpatienten = Stroke Unit) eingeliefert, stehen zunächst eine schnelle Diagnostik und Therapie im Vordergrund. Dabei geht es darum, eine weitere Schädigung des Gehirns möglichst zu verhindern und Komplikationen vorzubeugen. Gleichzeitig können mithilfe aktivierender Pflegemaß-

nahmen (z. B. Bewegungsförderung) die ersten rehabilitativen Maßnahmen beginnen.

- **Phase B:** Frührehabilitation
  Hat sich der Betroffene nach der Akutphase so weit stabilisiert, dass i. d. R. keine künstliche Beatmung und keine Intensivbehandlung mehr nötig sind, beginnt die Phase der Frührehabilitation. Diese kann sowohl in Akutkrankenhäusern als auch in speziellen Rehabilitationskliniken durchgeführt werden. Die Zielsetzung innerhalb dieser Phase besteht darin, den Betroffenen weiter zu stabilisieren und sein Bewusstsein zu fördern, sodass er aktiv an den Rehabilitationsmaßnahmen mitarbeiten kann. Hierzu werden unterschiedliche Therapien eingesetzt, z. B. Physiotherapie, Ergotherapie, Logopädie und aktivierend-therapeutische Pflege nach Bobath.
- **Phase C: Weiterführende Rehabilitation**
  In Phase C geht es vor allem darum, verloren gegangene Funktionen wiederherzustellen, zu trainieren und den Betroffenen im Krankheitsbewältigungsprozess zu unterstützen. Die Personen sollen zu einer möglichst aktiven Teilnahme an Rehabilitationsmaßnahmen in der Lage sein, benötigen aber in dieser Phase oft noch Hilfestellung bei den Alltagsaktivitäten, z. B. der Körperpflege. Maßnahmen der Phase C werden in aller Regel in speziellen Rehabilitationskliniken durchgeführt. Hier finden neben der ärztlichen Versorgung z. B. Therapien der Physio- und Ergotherapie sowie Logopädie und wiederum aktivierend-therapeutische Pflege statt. An die Phase C schließt sich entweder eine Weiterbehandlung in der Rehabilitation (Anschlussheilbehandlung), in der ambulanten Nachsorge oder bei schlechten Rehabilitationsaussichten eine zustandserhaltende Dauerpflege an.
- **Phase D:** Anschlussheilbehandlung
  Die Phase D eignet sich für Menschen, bei denen sich nach dem Schlaganfall eine rasche Rückbildung der Funktionsausfälle zeigt. Die Betroffenen sollen in dieser Phase bereits weitgehend selbstständig ggf. mit Hilfsmitteln an mehreren Therapien täglich teilnehmen können. Die Zielsetzung der Phase D besteht darin, den Patienten zu einer möglichst hohen Alltagsbewältigungskompetenz zu verhelfen. Dem dienen sowohl Maßnahmen zur Verbesserung der

Leistungsfähigkeit in Beruf und Alltagsleben als auch weitergehende Krankheitsbewältigungshilfen. In dieser Phase liegt ein besonderer Schwerpunkt auf aktivierenden und therapeutischen Maßnahmen.

- **Phase E:** Ambulante Nachsorge **und** medizinisch-berufliche Wiedereingliederung
  Die Phase E tritt ein, wenn die Betroffenen wieder weitgehend selbstständig ihren Alltag bewältigen können. Eine Hauptzielsetzung liegt hier in der beruflichen Wiedereingliederung. Anpassungen des Arbeitsplatzes an eine bleibende Behinderung, eine stufenweise Erhöhung der Arbeitszeit (stufenweise Wiedereingliederung) zur Eingewöhnung in den Arbeitsprozess oder die Erprobung von Belastungsgrenzen des betroffenen Menschen sind relevante Maßnahmen in dieser Phase. Dabei kann eine ambulante Nachsorge dauerhaft erforderlich sein, z. B. den Betroffenen mit Hilfsmitteln zu versorgen oder Therapien weiterzuführen.
- **Phase F: Zustandserhaltende (aktivierende) Dauerpflege**
  Sollten sich auch nach den umfassenden Rehabilitationsmaßnahmen bei dem betroffenen Menschen keine oder nur wenige Funktionsverbesserungen zeigen, sodass ein weitgehend selbstständiges Alltagsleben nicht möglich ist, besteht in aller Regel eine Pflegebedürftigkeit. Die Phase F hat zum Ziel, den erreichten Funktionsstatus möglichst lange zu erhalten und einer weiter voranschreitenden Pflegebedürftigkeit vorzubeugen. Eine erneute Rehabilitationsmaßnahme ist möglich, wenn sich ein Potenzial für Funktionsverbesserungen zeigt. Für die Phase F stehen entweder auf Langzeitversorgung spezialisierte Einrichtungen zur Verfügung oder der Pflegeempfänger wird zu Hause oder in einer stationären Pflegeeinrichtung betreut.

Je nach Lebenssituation des Betroffenen (Alter, Grunderkrankung) kommen zur weiteren Betreuung auch Formen von betreutem Wohnen in Wohngruppen oder betreuten Wohngemeinschaften infrage. Das Behandlungsmodell zeigt die unterschiedlichen Zielsetzungen in den jeweiligen Phasen der Erkrankung. Dementsprechend kommen in den jeweiligen Rehabilitationsphasen unterschiedliche Berufsgruppen zum Einsatz, die zusammen das Rehabilitationsteam bilden.

Die Betroffenen durchlaufen die Phasen nicht notwendigerweise in dieser Reihenfolge. Es können auch Phasen übersprungen werden. Die Phase F kann außerdem als die letzte Phase verstanden werden, da sie der dauerhaften Pflege entspricht.

Vom Antrag zur Bewilligung

Wenn Patienten der Auffassung sind, dass ihnen eine Reha zustehe oder sie gesundheitlich angeschlagen sind, ohne einen Unfall erlitten zu haben, ist der übliche Ablauf, zunächst den Hausarzt zu konsultieren und ihr Anliegen mit ihm zu besprechen. Der Arzt wird bei der Beantragung von Rehabilitationsleistungen in der Regel gern unterstützen. Es kann jedoch sein, dass Patienten mit Nachdruck darauf hinweisen müssen. Ob der Antrag positiv oder negativ vom Rehabilitationsträger entschieden wird, hängt davon ab, ob die für die gewünschte Maßnahme erforderlichen persönlichen und medizinischen Voraussetzungen beim Antragsteller erfüllt sind.

Wesentliche Gesichtspunkte für einen positiven Bescheid sind die Einschätzungen, dass durch die Rehabilitationsmaßnahmen ein Leiden gemildert, ein Krankheitsprozess verlangsamt oder eine krankheitsbedingte Einschränkung der beruflichen Leistungsfähigkeit gebessert werden kann und somit eine positive Rehabilitationsprognose besteht.

Der behandelnde Arzt stellt eine ärztliche Verordnung auf dem Vordruckmuster 61 aus.

In dieser Verordnung gibt der Haus- oder Facharzt die rehabilitationsbegründenden Diagnosen sowie sonstige rehabilitationsrelevanten Diagnosen mit an. Der Arzt sendet die Verordnung der Notwendigkeit der Rehabilitationsmaßnahme an die zuständige Krankenkasse, diese prüft ihre Zuständigkeit oder die Zuständigkeit des Rentenversicherungsträgers und sendet die Verordnung wieder an die Vertragsarztpraxis zurück.

Wichtig: Der Antragsteller erhält in der Regel von seiner Krankenkasse anschließend unaufgefordert die entsprechenden Vordrucke zugesandt, welche er zusammen mit seinem Arzt ausfüllt und entweder bei der Krankenkasse oder beim Rentenversicherungsträger einreicht.

Krankenkasse bzw. Kostenträger

Name, Vorname des Versicherten

geb. am

Kostenträgerkennung	Versicherten-Nr.	Status
Betriebsstätten-Nr.	Arzt-Nr.	Datum

Beratung zu medizinischer Rehabilitation / Prüfung des zuständigen Rehabilitationsträgers

61 Teil A

Hinweis an den Arzt zur Zuständigkeit der Krankenkasse

Ist eine medizinische Rehabilitation erforderlich, weil krankheits-/behinderungsbedingt nicht nur vorübergehende Beeinträchtigungen der Teilhabe am Leben in der Gesellschaft bestehen oder drohen, kann die Zuständigkeit der Krankenkasse bestehen (z. B. bei Altersrentnern, spezifischen Leistungen der medizinischen Rehabilitation für Mütter/Väter).
Ist eine erhebliche Gefährdung oder Minderung der Erwerbsfähigkeit gegeben, besteht grundsätzlich die Zuständigkeit der Rentenversicherung.
Handelt es sich um die Folge eines Arbeitsunfalls / einer Berufskrankheit, ist grundsätzlich die Zuständigkeit der gesetzlichen Unfallversicherung gegeben.

Bei Zuständigkeit der Krankenkasse bitte NUR Muster 61 Teil B-E ausfüllen.

I. Rehabilitationsbegründende und weitere Diagnosen

1 **A. Rehabilitationsbegründende Funktionsdiagnosen** — Diagnoseschlüssel ICD-10-GM — 2 Ursache *

1. ____
2. ____
3. ____

B. Weitere rehabilitationsrelevante Diagnosen

4. ____
5. ____
6. ____

**** Mögliche Ursache der Erkrankung***
(nur anzugeben, wenn eine der folgenden Ursachen zutrifft)

1 = Arbeitsunfall einschl. Wegeunfall
2 = Berufskrankheit
3 = Schädigungsfolge durch Einwirken Dritter (z. B. Unfallfolgen)
4 = Folgen von Kriegs-, Zivil- oder Wehrdienst
5 = Meldepflichtige Erkrankung (z. B. IfSG)

II. Hinweis/Anfrage an die Krankenkasse

3 ☐ **Beratung der/des Versicherten**
Bitte NUR Teil A an die Krankenkasse übermitteln. Teil B-E ist NICHT auszufüllen.

Eine **Beratung der/des Versicherten** über Leistungen zur medizinischen Rehabilitation der Krankenkasse und/oder Rentenversicherung (z. B. bei gleichrangiger Zuständigkeit für Leistungen der Kinder-Rehabilitation oder onkologischen Rehabilitation für Altersrentner) bzw. weitere Leistungen der Krankenkasse (z. B. zur medizinischen Vorsorge in anerkannten Kurorten) **ist angezeigt.**

4 ☐ **Prüfung des zuständigen Rehabilitationsträgers**
Bitte NUR Teil A an die Krankenkasse übermitteln. Teil B-E ist NICHT auszufüllen.

Eine **medizinische Rehabilitation ist erforderlich,** weil krankheits-/behinderungsbedingt eine Minderung der Erwerbsfähigkeit besteht oder droht. **Es wird die Prüfung des zuständigen Rehabilitationsträgers erbeten,** weil z. B. die versicherungsrechtlichen Voraussetzungen der Rentenversicherung nicht eindeutig beurteilt werden können.

5 **ggf. weitere Anmerkungen**

____

____

Datum T T M M J J

Vertragsarztstempel / Unterschrift des Arztes

6 **III. Im Original zurück an die Vertragsärztin / den Vertragsarzt**

Folgender Rehabilitationsträger ist zuständig

☐ Krankenkasse *(bitte Muster 61 Teil B-E ausfüllen)*

☐ Rentenversicherung *(Vordruck liegt bei)*

☐ Sonstiges ____

____

____

Stempel / Unterschrift der Krankenkasse

Muster 61 Teil Aa (7.2022)

Antragstellung

Nach § 19 SGB IV werden Leistungen in der gesetzlichen Kranken- und Rentenversicherung, nach dem Recht der Arbeitsförderung sowie in der sozialen Pflegeversicherung auf Antrag erbracht, soweit sich aus den Vorschriften für die einzelnen Versicherungszweige nichts Abweichendes ergibt. Leistungen in der gesetzlichen Unfallversicherung werden grundsätzlich von Amts wegen erbracht, d. h. sie erfolgen in der Regel über die Unfallanzeige des Betriebs oder des Durchgangsarztes.

Wichtig ist hierbei § 16 SGB I. Danach sind Anträge auf Sozialleistungen beim zuständigen Leistungsträger zu stellen. Sie werden auch von allen anderen Leistungsträgern und Gemeinden und bei Personen, die sich im Ausland aufhalten, auch von den amtlichen Vertretungen der Bundesrepublik Deutschland im Ausland entgegengenommen.

Anträge, die bei einem unzuständigen Leistungsträger, bei einer für die Sozialleistung nicht zuständigen Gemeinde oder bei einer amtlichen Vertretung der Bundesrepublik Deutschland im Ausland gestellt werden, sind unverzüglich an den zuständigen Leistungsträger weiterzuleiten. Ist die Sozialleistung von einem Antrag abhängig, gilt der Antrag als zu dem Zeitpunkt gestellt, in dem er bei einem der unzuständigen Leistungsträger eingegangen ist.

Beispiel:

Sie stellen einen Antrag auf Leistungen zur medizinischen Rehabilitation bei Ihrer zuständigen Krankenkasse. Nach Prüfung der versicherungsrechtlichen Voraussetzungen stellt die Krankenkasse fest, dass der Rentenversicherungsträger für die Leistung der Rehabilitation zuständig ist. Die Krankenkasse ist verpflichtet, den Antrag unverzüglich (d. h. ohne schuldhaftes Zögern) an den zuständigen Träger der Rentenversicherung weiterzuleiten.

Des Weiteren sind die Leistungsträger verpflichtet, darauf hinzuwirken, dass unverzüglich klare und sachdienliche Anträge gestellt und unvollständige Angaben ergänzt werden.

Nach § 14 SGB I hat jeder Bürger Anspruch auf Beratung über seine Rechte und Pflichten nach dem SGB. Zuständig für die Beratung sind die Leistungsträger, denen gegenüber die Rechte geltend zu machen oder die Pflichten zu erfüllen sind.

Durch § 15 SGB I sind die nach Landesrecht zuständigen Stellen, die Träger der gesetzlichen Krankenversicherung und der sozialen Pflegeversicherung, verpflichtet, über alle sozialen Angelegenheiten nach dem SGB Auskünfte zu erteilen.

Die Auskunftspflicht erstreckt sich auf die Benennung der für die Sozialleistungen zuständigen Leistungsträger sowie auf alle Sach- und Rechtsfragen, die für die Auskunftssuchenden von Bedeutung sein können und zu deren Beantwortung die Auskunftsstelle imstande ist.

Die Auskunftsstellen sind verpflichtet, untereinander und mit den anderen Leistungsträgern mit dem Ziel zusammenzuarbeiten, eine möglichst umfassende Auskunftserteilung durch eine Stelle sicherzustellen.

Besondere Regelung der Antragstellung bei Leistungen zur Rehabilitation

Werden Leistungen zur Rehabilitation beantragt, stellt der Rehabilitationsträger innerhalb von zwei Wochen nach Eingang des Antrags bei ihm fest, ob er nach dem für ihn geltenden Leistungsgesetz für die Leistung zuständig ist; bei den Krankenkassen umfasst die Prüfung auch die Prüfung ihrer Leistungspflicht nach § 40 Abs. 4 SGB V.

Stellt er bei der Prüfung fest, dass er für die Leistung insgesamt nicht zuständig ist, leitet er den Antrag unverzüglich dem nach seiner Auffassung zuständigen Rehabilitationsträger zu und unterrichtet hierüber den Antragsteller. Muss für eine solche Feststellung die Ursache der Behinderung geklärt werden und ist diese Klärung in der Zwei-Wochen-Frist nicht möglich, soll der Antrag unverzüglich dem Rehabilitationsträger zugeleitet werden, der die Leistung ohne Rücksicht auf die Ursache der Behinderung erbringt.

Wird der Antrag bei der Bundesagentur für Arbeit statt beim Rentenversicherungsträger gestellt, werden dort keine Feststellungen hinsichtlich einer verminderten Erwerbsfähigkeit getroffen.

Wird der Antrag nicht weitergeleitet, stellt der Rehabilitationsträger den Rehabilitationsbedarf anhand der Instrumente zur Bedarfsermittlung unverzüglich und umfassend fest und erbringt die Leistungen (leistender Rehabilitationsträger).

Muss für diese Feststellung kein Gutachten eingeholt werden, entscheidet der leistende Rehabilitationsträger innerhalb von drei Wochen nach Antragseingang. Ist für die Feststellung des Rehabilitationsbedarfs ein Gutachten erforderlich, wird die Entscheidung innerhalb von zwei Wochen nach Vorliegen des Gutachtens getroffen. Wird der Antrag weitergeleitet, gelten die Fristen für den Rehabilitationsträger, an den der Antrag weitergeleitet worden ist, entsprechend; die Frist beginnt mit dem Antragseingang bei diesem Rehabilitationsträger.

Zusammenarbeit der Rehabilitationsträger

Aus dem SGB IX ist hier die Vorschrift des § 25 maßgebend, welcher die Zusammenarbeit der unterschiedlichen Rehabilitationsträger regelt. Im Rahmen der durch Gesetz, Rechtsverordnung oder allgemeine Verwaltungsvorschrift getroffenen Regelungen sind die Rehabilitationsträger verantwortlich, dass

- die im Einzelfall erforderlichen Leistungen zur Teilhabe nahtlos, zügig sowie nach Gegenstand, Umfang und Ausführung einheitlich erbracht werden,
- Abgrenzungsfragen einvernehmlich geklärt werden,
- Beratung entsprechend den im SGB IX genannten Zielen geleistet wird,
- Begutachtungen möglichst nach einheitlichen Grundsätzen durchgeführt werden,
- Prävention geleistet wird sowie
- die Rehabilitationsträger im Fall eines Zuständigkeitsübergangs rechtzeitig eingebunden werden.

Die Rehabilitationsträger und ihre Verbände sollen zur gemeinsamen Wahrnehmung von Aufgaben zur Teilhabe von Menschen mit Behinderungen insbesondere regionale Arbeitsgemeinschaften bilden.

Wichtig: Seit dem 01.07.2022 erhalten Patienten leichter Zugang zu geriatrischer Rehabilitation und Anschlussrehabilitation. Ob eine geriatrische Rehabilitation für Versicherte ab 70 Jahren medizinisch erforderlich ist, wird nun nicht mehr von der Krankenkasse geprüft. Stattdessen prüfen Vertragsärzte anhand festgelegter Kriterien und über Funktionstests den medizinischen Bedarf. Sind die Kriterien erfüllt, können sie mit den Ergebnissen die Erforderlichkeit auf dem Verordnungsformular begründen; die Krankenkasse prüft dann nur noch die leistungsrechtlichen Voraussetzungen.
Einfacher wird es außerdem für alle Patienten, die nach einem Krankenhausaufenthalt eine sog. Anschlussrehabilitation (früher: Anschlussheilbehandlung) benötigen. Hier entfällt bei Vorliegen der Voraussetzungen für eine Rehabilitation für bestimmte Indikationen ebenfalls die Überprüfung der Krankenkassen, ob die Leistung medizinisch erforderlich ist, so beispielsweise bei Erkrankungen des Herzens, des Kreislaufsystems, nach Einsatz eines neuen Knie- oder Hüftgelenks oder bei Krebserkrankungen.

Was Sie bei der Antragstellung beachten sollten:

- Lassen Sie sich frühzeitig von Ihrem Haus- oder Facharzt oder weiteren Ansprechpartnern (z. B. Sozialdienst im Krankenhaus, Psychotherapeut) beraten: Welche Leistungen kommen für Sie infrage? Welche Voraussetzungen müssen Sie erfüllen?
- Erkundigen Sie sich nach Behandlungsverfahren, Kliniken und möglichen Kurorten, bevor Sie den Antrag stellen. Die Leistungsträger sind verpflichtet, persönliche Verhältnisse und familiäre Gründe mit zu berücksichtigen. Grundsätzlich sollte es sich um eine Einrichtung handeln, mit der der jeweilige Kostenträger einen Versorgungsvertrag geschlossen hat, also keine reine Privatklinik. Es gibt eine Vielzahl von Wellnessangeboten, die weit über die Leistungen der Kostenträger hinausgehen. Hier ist es wichtig, sich neben der Klärung der Kostenübernahme auch über die Qualität der Angebote grundlegend zu informieren.
- Füllen Sie das Antragsformular sorgfältig und vollständig aus. Holen Sie sich Unterstützung, wenn Sie nicht weiterkommen. Oft

genügt ein Telefonat mit oder ein Besuch bei dem zuständigen Rehabilitationsträger.

- Lassen Sie sich beraten, wenn Fragen oder Schwierigkeiten auftreten. Vereinbaren Sie persönlich Termine, wenn umfangreiche Detailfragen zu klären sind.
- Klären Sie auf jeden Fall vor Antritt Ihrer Rehabilitationsmaßnahme, ob die Finanzierung geklärt ist. Nehmen Sie keine Maßnahmen in Anspruch, bevor Sie eine schriftliche Zusage in den Händen halten. Andernfalls ist der Kostenträger nicht verpflichtet, die Kosten zu übernehmen.

Einwilligungserklärung des Versicherten

Nach § 6 Abs. 4 Reha-RL müssen Vertragsärzte den Versicherten im Rahmen der Verordnung einer Leistung zur medizinischen Rehabilitation über die Möglichkeit der Einwilligung zur Übermittlung der gutachterlichen Stellungnahme nach § 40 Abs. 3 Satz 5 SGB V an den Vertragsarzt sowie die Möglichkeit der Einwilligung zur Übermittlung der Krankenkassenentscheidung an Angehörige oder Vertrauenspersonen sowie Pflege- und Betreuungseinrichtungen informieren. Der Inhalt der abgegebenen Erklärung wird über das Verordnungsformular Muster 61 an die Krankenkasse übermittelt.

> ***Praxis-Tipp:***
>
> *Die Träger der Rehabilitation sind zur Wirtschaftlichkeit der Leistungserbringung nach § 12 SGB V verpflichtet. Das ist auch der Grund dafür, dass oftmals Anträge auf Rehabilitationsmaßnahmen aus Budgetgründen zunächst abgelehnt werden. Für die Entscheidung bezüglich des Antrags auf die Rehabilitationsmaßnahmen sind aber allein die gesetzlichen Vorgaben maßgeblich. Scheuen Sie sich deshalb nicht, Widerspruch einzulegen.*

Die Mitwirkungspflichten des Antragstellers

Die Mitwirkungspflichten werden allgemein für alle sozialen Bereiche in den §§ 60 bis 67 SGB I geregelt. Dies umfasst auch die Mitwirkung im Rahmen der Maßnahmen der Rehabilitation. Danach hat derjenige, der Sozialleistungen beantragt oder erhält,

- alle Tatsachen anzugeben, die für die Leistung erheblich sind, und auf Verlangen des zuständigen Leistungsträgers der Erteilung der erforderlichen Auskünfte durch Dritte zuzustimmen,
- Änderungen in den Verhältnissen, die für die Leistung erheblich sind oder über die im Zusammenhang mit der Leistung Erklärungen abgegeben worden sind, unverzüglich mitzuteilen,
- Beweismittel zu bezeichnen und auf Verlangen des zuständigen Leistungsträgers Beweisurkunden vorzulegen oder ihrer Vorlage zuzustimmen.

Nach ausdrücklicher Vorschrift in § 60 Abs. 2 SGB I sollen Vordrucke benutzt werden, soweit diese vorgesehen sind.

Hierbei ist insbesondere der Antragsvordruck für die Verordnung von Leistungen der Rehabilitation zu beachten, vgl. hierzu Muster 61.

Die Zustimmung zu Auskünften durch Dritte ist z. B. im Zusammenhang mit Ärzten zu sehen, die Auskünfte über den Gesundheitszustand des Antragstellers geben können. Auch für die Zustimmungserklärungen werden in der Regel Vordrucke benutzt.

Anträge unterliegen in der Regel keinerlei Formerfordernissen, sie können daher schriftlich, persönlich oder zur Niederschrift, telefonisch oder per E-Mail oder per Fax gestellt werden.

Ist medizinischer Sachverstand für die Beurteilung des Antrags erforderlich, muss der Träger interne oder externe Gutachter (meistens den Medizinischen Dienst) einschalten, die die medizinische Notwendigkeit der beantragten Rehabilitationsleistung beurteilen. Hierfür kann auch eine persönliche Begutachtung nach § 62 SGB I durchgeführt werden. In diesem Fall hat der Antragsteller Anspruch auf Erstattung der ggf. notwendigen Fahrkosten. Die persönliche Begutachtung kann der Antragsteller nur mit gewichtigen Argumenten ablehnen, z. B. wenn bereits eindeutige Befundberichte vorliegen und die erneute Untersuchung überflüssig ist. Eine persönliche Begutachtung kann entbehrlich sein, wenn sich der zu begutachtende Zustand zweifelsfrei aus aktuellen Befundberichten ableiten lässt.

Die Bewilligung

Hat der zuständige Träger seines Erachtens alle anspruchsrelevanten Umstände ermittelt, schließt er das Antragsverfahren mit einem Bescheid ab. Grundsätzlich soll der Träger über den Antrag innerhalb von zwei Monaten entscheiden. Versäumt er diese Frist ohne zwingenden Grund, gilt die beantragte Leistung nach Ablauf der Frist als genehmigt.

Der Bescheid besteht aus der Bewilligung oder Ablehnung der beantragten Leistung. Im Falle der Ablehnung muss eine Begründung enthalten sein. Unter der Ablehnung muss eine Rechtsbehelfsbelehrung stehen.

Die Bewilligung enthält Angaben zum Beginn und zur Dauer der Maßnahme. Außerdem legt sie den Ort bzw. bei ambulanten Maßnahmen den behandelnden Mediziner fest. Mit der Antragstellung kann der Versicherte in Abstimmung mit seinem Arzt Einfluss auf den Ort und die Einrichtung nehmen. Wird ihm ein Ort oder eine bestimmte Klinik zugewiesen, mit dem/der er nicht einverstanden ist, kann er auch gegen diesen Bescheid Widerspruch einlegen.

Anstatt ein förmliches Widerspruchsverfahren anzustrengen, kann sich der Antragsteller zunächst bei dem zuständigen Rehabilitationsträger melden und ihn bitten, den Bescheid von Amts wegen hinsichtlich Zeit und/oder Ort abzuändern. Zu beachten ist aber dabei, dass der Bescheid nach Ablauf der Widerspruchsfrist bestandskräftig wird. Der Widerspruch ist daher erforderlich, wenn nicht unverzüglich ein Bescheid nach den Vorstellungen des Antragstellers erlassen wurde. Die Widerspruchsfrist wird im folgenden Abschnitt näher erläutert.

Das Widerspruchsverfahren

Prüfung des Feststellungsbescheides

Der zuständige Rehabilitationsträger trifft die Entscheidung als Verwaltungsakt gem. § 31 SGB X. Es kann durchaus vorkommen, dass der Bescheid nicht nach den Erwartungen des Antragstellers ausfällt. Die Enttäuschung ist dann häufig groß und die Frage einer ungerechten Behandlung steht im Raum.

Am besten ist der Bescheid zuerst mit dem behandelnden Arzt zu besprechen. Er ist über den Gesundheitszustand seines Patienten informiert und kann diesen bei den weiteren Schritten unterstützen.

Den behandelnden Arzt trifft nicht die Schuld am Bescheid des Rehabilitationsträgers. Er haftet vor dem Gesetz lediglich für seine Atteste oder Befundberichte, diese müssen wahrheitsgemäß erstellt worden sein.

Der behandelnde Arzt kann jedoch sachkundig den unbefriedigenden Bescheid bezüglich der medizinischen Voraussetzungen der Genehmigung einer medizinischen Rehabilitation überprüfen und umfassend beraten.

Der Hausarzt kann in manchen Fällen gut einschätzen, ob ein Widerspruch die richtige Entscheidung ist. Es sollte bedacht werden, dass ein Widerspruchsverfahren in einzelnen Fällen bis zu sechs Monate dauern kann.

Sollte der Antragsteller zu der Überzeugung kommen, dass er gegen den Bescheid des Rehabilitationsträgers einen Widerspruch einreichen will, kann sich sein behandelnder Arzt bereit erklären, den Widerspruch mit medizinischen Argumenten auszustatten oder diese in einem ärztlichen Gutachten abzufassen, um beispielsweise

- nicht geltend gemachte Erkrankungen nachträglich anzuzeigen oder
- nicht berücksichtigte gesundheitliche Einschränkungen bei geltend gemachten Erkrankungen zu beanstanden.

Darüber hinaus kann auch ein auf Sozialrecht spezialisierter Anwalt oder Verbandsvertreter zu Rate gezogen werden.

Begründung des Widerspruchs

Der Widerspruch sollte fundiert begründet werden. Das Gefühl, ungerecht behandelt worden zu sein oder dass ein Bekannter bei scheinbar gleichem Erkrankungsbild eine Rehabilitationsmaßnahme genehmigt bekommen hat, reicht zur Begründung eines Widerspruchs nicht aus.

Grundsätzlich ist anzunehmen, dass der Rehabilitationsträger den Antrag auf Leistungen der medizinischen Rehabilitation anhand der eingereichten Unterlagen sorgfältig und gewissenhaft im Rahmen des § 20 SGB X geprüft hat.

Ein Widerspruch ist deshalb nur dann sinnvoll, wenn er gut begründet werden kann, das heißt auch nachgeschobene Unterlagen/Befunde müssen nachweisbar sein.

Der Widerspruchsbescheid

Im Widerspruchsverfahren (sog. Vorverfahren), welches vor einer Klageerhebung im Sozialverfahren zwingend vorgeschrieben ist, wird derselbe Rehabilitationsträger, der den Bescheid erlassen hat, sich nochmals mit dem Anliegen des Antragstellers befassen. Wenn die neuen Erkenntnisse, z. B. nachgereichte Untersuchungsbefunde, ausreichen, kann der bisherige Bescheid korrigiert werden. Hierüber wird ein Abhilfe- oder ein Teilabhilfebescheid nach § 85 Sozialgerichtsgesetz (SGG) erteilt.

Wenn der Rehabilitationsträger den Widerspruch negativ bescheidet, wird dem Antragsteller ein Widerspruchsbescheid zugestellt, der die Begründung der Entscheidung und eine Rechtsbehelfsbelehrung mit Nennung des zuständigen Sozialgerichts für eine eventuelle Klage enthält. Die Klage ist vom Betroffenen innerhalb eines Monats zu erheben.

> ***Praxis-Tipp:***
>
> *Vor der Begründung Ihres Widerspruchs können Sie beim jeweiligen Rehabilitationsträger einen Antrag auf Akteneinsicht stellen, um die Gründe für die Ablehnung zu erfahren.*

Recht auf Akteneinsicht

Nach § 25 SGB X haben Beteiligte das Recht auf Akteneinsicht beim zuständigen Träger der Rehabilitation. Das Amt hat lediglich zu prüfen, ob dem Antragsteller aus der Kenntnis des medizinischen Akteninhalts Nachteile gesundheitlicher Art entstehen können. Das ist z. B. der Fall, wenn ein Versicherter im Rahmen der Akteneinsicht von weiteren bisher nicht bekannten Nebenwirkungen erfährt. Dann kann der Inhalt der Unterlagen durch einen Arzt vermittelt werden.

Der gerichtliche Weg

Die Klage und Inhalt der Klage

Klagebefugt ist nur der jeweilige Antragsteller. Dem Arbeitgeber steht kein Widerspruchs- oder Klagerecht zu. Betroffene können sich im kostenfreien sozialgerichtlichen Verfahren durch Rechtsschutzsekretäre der Gewerkschaften, Rechtsanwälte oder sonstige zugelassene Rechtsbeistände vertreten lassen. Ihre Rechte können auch mit ihrem Einverständnis durch einen Behindertenverband geltend gemacht werden.

In der Klageschrift sollte man darauf achten, dass folgende Punkte zum Ausdruck kommen.

Inhalt der Klage

Worum geht es bei der Klage, welchen Feststellungen des Bescheids des Rehabilitationsträgers widersprechen Sie?

Beispiel:

Ich widerspreche der Feststellung, dass mein Bandscheibenleiden auch ambulant durch einen Haus- oder Facharzt behandelt werden kann.

Begründung des Widerspruchs

Womit begründen Sie den Widerspruch gegen den Rehabilitationsträger?

Beispiel:

Es handelt sich bei meinem Bandscheibenschaden um Bandscheibenvorfälle an zwei verschiedenen Abschnitten der Wirbelsäule, außerdem wurden Komplikationen, wie Nervenkompression und angeborene Fehlhaltung, nicht berücksichtigt.

Die Behauptungen müssen mit ärztlichen Untersuchungsbefunden (orthopädische Berichte, Röntgen-, CT-Bilder etc.) belegt werden. Sie können auch Zeugen benennen. Die Beweismittel sollten klar und eindeutig sein. Auch wenn das Sozialgericht den Sachverhalt von Amts wegen aufklärt, ist dringend zu empfehlen, im Prozess aktiv mitzuwirken und selbst die notwendigen Informationen, ggf. ärztliche Untersuchungsbefunde, Atteste oder Gutachten zu besorgen.

Auf die Wichtigkeit einer sehr sorgfältigen Klagebegründung ist besonders hinzuweisen.

Die Aufklärungspflicht der Sozialgerichte

Der vorsitzende Richter der Kammer ist verpflichtet, die Einzelheiten des Falls festzustellen und aufzuklären.

Das Sozialgerichtsgesetz (§ 106 SGG) unterscheidet sich hier wesentlich von den Vorschriften der Zivilprozessordnung. Dort müssen die Beteiligten (Kläger und Beklagter) von sich aus alle Beweismittel vorlegen bzw. benennen. Im Sozialgerichtsprozess ist dies anders.

Zur Durchführung der Aufklärungspflicht des Gerichts kann dieses insbesondere

- um Überlassung von Urkunden ersuchen,
- Dokumentationen von ärztlichen Untersuchungen, Röntgenbildern etc. hinzuziehen,
- Auskünfte jeglicher Art einholen,
- Zeugen und Sachverständige vernehmen oder auch eidlich durch den Richter vernehmen lassen,
- die Inaugenscheinnahme sowie die Begutachtung durch Sachverständige anordnen und ausführen,
- andere Sachverständige vorladen und
- einen Termin anberaumen, das persönliche Erscheinen der Beteiligten (auch des Klägers) anordnen und den Sachverhalt mit diesen erörtern.

Ärztliche Begutachtung

Die meisten Widersprüche und Klagen werden wegen medizinischer und nicht wegen formeller Gründe erhoben.

In der Regel beauftragen die Gerichte im Laufe des Prozesses einen gerichtlichen Sachverständigen, d. h. einen ärztlichen Sachverständigen.

Ein unabhängiger Gutachter kann nicht nur vom Gericht, sondern auch vom Kläger vorgeschlagen werden (§ 109 SGG). Dieses ärztliche

Gutachten ist kein Partei- oder Privatgutachten, sondern gilt als eine Beweiserhebung durch das Gericht, um den Sachverhalt besser aufklären zu können.

Der ärztliche Gutachter (bzw. gerichtliche Sachverständige) hat den 2
Kläger nach richterlichen Vorgaben zu untersuchen, um dessen geltend gemachten Gesundheitsstörungen nach eigenem Eindruck und eigenen Feststellungen zu bewerten. Die Vorgaben sollen auf die beim Kläger gegebenen gesundheitlichen Besonderheiten Rücksicht nehmen.

Grundlagen der Begutachtung sind:

- der Feststellungsbescheid des Rehabilitationsträgers
- der Widerspruch gegen den Feststellungsbescheid
- der Widerspruchsbescheid des Rehabilitationsträgers
- die in der Klageschrift formulierten Einwände gegen die im Widerspruchsbescheid beschriebenen Feststellungen des Rehabilitationsträgers
- weitere ärztliche Untersuchungsbefunde zu bereits geltend gemachten oder im Verfahren neu aufgetretenen oder verschlimmerten Krankheiten
- persönliche Feststellungen des Gutachterarztes bei der gutachterlichen Untersuchung

Der Gutachter hat bei seiner ärztlichen Untersuchung eine andere Aufgabe als der Hausarzt. Er prüft die durch die vorliegenden Erkrankungen verursachten Funktionsstörungen und Behinderungen und setzt diese quantitativ in Beziehung mit dem vom Gesetzgeber gebotenen Nachteilsausgleich und den angebotenen Teilhabemöglichkeiten.

Dagegen haben alle behandelnden Ärzte, Fach- oder Klinikärzte einschließlich des Hausarztes die Aufgaben, die Beschwerden abzuklären, die verursachenden Krankheiten zu diagnostizieren und zu behandeln.

Es ist dringend ratsam, spätestens vor dem Widerspruch gegen einen Feststellungsbescheid für die notwendige Klarheit über die Gesundheitsstörungen zu sorgen. In dieser Weise kann der Kläger dann auch den Gutachter bei seiner Arbeit unterstützen.

Wichtig: Es besteht für den Kläger Mitwirkungspflicht. Für den gesamten Bereich des Sozialrechts sind die Mitwirkungspflichten im SGB geregelt

(§§ 60 ff. SGB I). Der Sozialleistungsträger kann vom Antragsteller verlangen, dass er sich ärztlichen und psychologischen Untersuchungsmaßnahmen unterzieht.

Nach Abschluss der Beweisaufnahme wird vom Richter entweder ein „Termin zur Erörterung" festgesetzt, an dem eine Einigung der Parteien (Kläger und Rehabilitationsträger) möglich ist, oder die mündliche Verhandlung anberaumt. Hier kann der Kläger oder sein Rechtsvertreter die Argumente nochmals vortragen und den Argumenten widersprechen. Am Schluss der mündlichen Verhandlung fällt das Gericht ein Urteil.

Das Gerichtsurteil

Das Sozialgericht entscheidet in der Regel durch Urteil (§ 125 SGG). Es kann, sofern in der Ladung auf diese Möglichkeit hingewiesen wurde, nach Lage der Akten entscheiden, wenn zu einem Termin keiner der Beteiligten erscheint oder beim Ausbleiben von Beteiligten die erschienenen Beteiligten dies beantragen.

Im Urteil müssen die Entscheidungsgründe ersichtlich sein (§ 136 SGG). Außerdem ist die Darstellung des Tatbestands erforderlich. Diese kann durch eine Bezugnahme auf den Inhalt der vorbereitenden Schriftsätze und auf die zur Sitzungsniederschrift erfolgten Feststellungen ersetzt werden, soweit sich aus ihnen der Sach- und Rechtstatbestand richtig und vollständig ergibt. In jedem Fall sind jedoch die erhobenen Ansprüche genügend zu kennzeichnen und die dazu vorgebrachten Angriffs- und Verteidigungsmittel ihrem Wesen nach hervorzuheben.

Das Gerichtsverfahren endet mit

- der Anerkennung der Ansprüche, einem Vergleich bzw. einer Klagerücknahme bei fehlender Aussicht auf Erfolg,
- der Kostenfestsetzung und
- dem Hinweis auf Berufungsmöglichkeiten.

Die Berufung

Berufung gegen die Entscheidung des Sozialgerichts kann nur erhoben werden, wenn dies im Urteil zugelassen ist (§ 144 SGG). Wird die Berufung ausgeschlossen, kann hingegen Beschwerde beim Sozialgericht oder Landessozialgericht eingelegt werden. Die Entscheidung hierüber fällt das Landessozialgericht.

Die Berufung ist beim Landessozialgericht innerhalb eines Monats nach Zustellung des Urteils einzureichen (§ 151 SGG). Die Frist ist also identisch mit der zur Einreichung einer Klage. Hier läuft der Monat von der Zustellung des Widerspruchsbescheids an.

Auch beim Landessozialgericht besteht die Aufklärungspflicht des Gerichts.

Im Berufungsverfahren vor einem Landessozialgericht spielt der medizinische Sachverständige eine wichtige Rolle. Er agiert im Auftrag und nach Vorgaben des Gerichts oder auf Antrag des Klägers, der zugelassen werden muss. Die Gestaltung des medizinischen sachverständigen Gutachtens richtet sich nach den Voraussetzungen und der Zielsetzung, welche bereits beim Sozialgerichtsverfahren beschrieben wurde. Der Gutachter hat sämtliche, im laufenden Verfahren bereits erstellte medizinische Gutachten zusätzlich zu den vom Kläger vorgetragenen und bei der Untersuchung gewonnenen Daten aufzuarbeiten und in seine gutachterlichen Feststellungen einfließen zu lassen.

Zielsetzung des ärztlichen Gutachters ist es, die Restgesundheit des Klägers und eine damit verbundene Restleistungsfähigkeit und daraus resultierende Einsetzbarkeit auf dem allgemeinen Arbeitsmarkt exakt festzustellen. Es ist vom Kläger zu beachten, dass Verschlimmerungen, Auftreten von Komplikationen, neu festgestellte Erkrankungen während des Verfahrens vorzutragen und nachzuweisen sind.

Wichtig: Aufgrund der immensen Prozessbelastung kann nur eine positive Mitarbeit seitens des Klägers den Gutachter in die Lage versetzen, seinem berechtigten Begehren zur Geltung zu verhelfen.

Die Revision

Gegen die Entscheidung des Landessozialgerichts ist Revision vor dem Bundessozialgericht möglich. Hier besteht allerdings Anwaltszwang. Die Revision muss im Berufungsverfahren zugelassen werden. Gegen eine Nichtzulassung ist Nichtzulassungsbeschwerde vor dem Bundessozialgericht möglich (§§ 160, 160a SGG).

Das Bundessozialgericht klärt den Sachverhalt allerdings nicht mehr erneut auf. Es handelt sich hierbei um eine Rechtsinstanz. Es wird geprüft, ob das Landessozialgericht das geltende Recht richtig angewandt hat. Ist das Bundessozialgericht der Meinung, dass die Aufklärung durch die Vorinstanz nicht ausreichend erfolgte, wird der Fall an die Vorinstanz zurückverwiesen (§ 170 SGG).

Achtung: Wenn Kläger und Beklagter einverstanden sind, kann die zweite Instanz (Landessozialgericht) übergangen und gleich Revision als sog. Sprungrevision eingelegt werden (§ 161 SGG).

Gerichtskosten

Sowohl das Widerspruchsverfahren als auch der Gerichtsprozess sind im Bereich der Sozialgerichtsbarkeit kostenfrei. Es können allerdings sog. Mutwillenskosten aufkommen, wenn das Verfahren beispielsweise verschleppt wird.

Das Gericht entscheidet im Urteil, ob dem Kläger Rechtsanwaltskosten ersetzt werden. Auch im Widerspruchsverfahren sind diese Kosten zu ersetzen, wenn der Widerspruch erfolgreich war (§ 63 SGB X).

Kostenfreiheit gilt allerdings nicht, wenn das Gericht nach § 109 SGG auf Antrag des Klägers einen vom Kläger bestimmten Arzt als Gutachter beauftragt. Ein solches Gutachten kann das Gericht davon abhängig machen, dass der Kläger die Gutachtenkosten vorschießt und vorbehaltlich einer anderen Entscheidung des Gerichts erklärt, die Kosten endgültig zu tragen.

Ein Gutachten nach § 109 SGG kann das Gericht ablehnen, wenn es der Ansicht ist, dass dieses nur dem Verschleppen des Verfahrens dient.

3.

Einzelne Leistungen der medizinischen Rehabilitation

Formen der Rehabilitation

Nachdem im vorherigen Kapitel die Voraussetzungen für eine medizinische Rehabilitationsmaßnahme und das Verfahren der Antragstellung aufgezeigt wurden, stellt sich nun die Frage, in welcher Form eine Rehabilitationsmaßnahme stattfinden kann. Dabei wird zwischen den

folgenden Formen und Arten der Rehabilitation unterschieden.

Eine Rehabilitationsmaßnahme findet in der Regel entweder ambulant oder stationär statt.

Ambulante Rehabilitation

Die ambulante Rehabilitation findet in Wohnortnähe statt und berücksichtigt im Gegensatz zur stationären Rehabilitation im besonderen Maße die selbstständige Bewältigung des täglichen Lebens. Der Versicherte wohnt zu Hause und nimmt unterschiedliche Termine wahr, z. B. in Form von regelmäßigen Besuchen beim Physiotherapeuten in der ambulanten Rehabilitationseinrichtung. Damit er die selbstständige Aktivität in seiner gewohnten Umgebung so früh wie möglich trainieren kann, bevorzugen die Rehabilitationsträger oft ambulante Rehabilitationsmaßnahmen. Die Träger sparen dabei erhebliche Kosten und der Versicherte hat die Möglichkeit, in der häuslichen Umgebung gesund zu werden.

> ***Praxis-Tipp:***
>
> *Wenn Sie eine wohnortnahe und ambulante Rehabilitation wünschen und dies aus medizinischer Sicht sinnvoll ist, geben Sie dies unbedingt in Ihrem Antrag an.*

Stationäre Rehabilitation

Während einer stationären Reha finden die verschiedenen Phasen bis auf die Akutbehandlung in einer speziellen Rehabilitationsklinik statt. Die einzelnen Träger der Rehabilitation haben dabei Verträge mit den jeweiligen Kliniken abgeschlossen. Im stationären Ansatz steht die Wiedereingliederung in den Alltag und den Beruf im Vordergrund.

Neben der ärztlichen Versorgung werden die rehabilitativen Maßnahmen durch ein interdisziplinäres Team aus Pflegekräften, Physio-, Ergo- und Sprachtherapeuten sowie Psychologen und Sozialarbeitern übernommen. Sie arbeiten gemeinsam an den für sie individuell festgelegten Zielen.

Wichtig: Rehabilitationsmaßnahmen werden in der Regel bei Erwachsenen für drei Wochen und bei Kindern und Jugendlichen für vier Wochen genehmigt. Nach Ablauf von vier Jahren können sie erneut stationäre Rehabilitationsmaßnahmen beantragen, es kann aber in bestimmten Fällen, insbesondere bei sehr schwerwiegenden Erkrankungen, auch schon früher angezeigt sein, einen neuen Antrag zu stellen.

Teilstationäre Rehabilitation

Eine weitere Möglichkeit ist die teilstationäre Rehabilitation. Das Therapieangebot entspricht dem der stationären Behandlung. Der Patient wohnt jedoch bereits zu Hause und wird an Werktagen tagsüber in einer stationären Einrichtung behandelt, der sog. Tagesklinik.

Sonderformen der Rehabilitation

Neben diesen klassischen Formen der Rehabilitation gibt es noch einige Sonderformen der Rehabilitation.

Geriatrische Rehabilitation

Voraussetzungen

Auch ältere Menschen haben einen Anspruch auf ein eigenständiges, selbstbestimmtes Leben. Die medizinische Rehabilitation ist neben der Akutversorgung und der Pflege ein wichtiger Bestandteil der geriatrischen Versorgung. Medizinische Rehabilitation kann auch beim alten Menschen hinsichtlich der Alltagskompetenz erfolgreich sein. Ihr Ziel ist, eine Behinderung einschließlich Pflegebedürftigkeit abzuwenden, zu beseitigen, zu mindern, auszugleichen, ihre Verschlimmerung zu verhüten oder ihre Folgen zu mildern. Neben der indikationsspezifischen Rehabilitation hat sich in Deutschland die geriatrische Rehabilitation etabliert.

Eine leistungsfähige und auf den individuellen Bedarf des alten Menschen abgestimmte Rehabilitation erfordert eine weitere Flexibilisierung des Versorgungsangebots. Es ist daher geboten, im Bereich der geriatrischen Rehabilitation neben stationären auch ambulante Rehabilitationsangebote vorzuhalten, die eine effiziente Versorgung unter Qualitäts- und Wirtschaftlichkeitsgesichtspunkten sichern.

Ebenso wie die stationäre geht die ambulante geriatrische Rehabilitation von einem ganzheitlichen Ansatz aus, der die physischen, psychischen und sozialen Aspekte der Rehabilitation umfasst. Gleichermaßen gelten die Grundsätze der Finalität, Komplexität, der Interdisziplinarität und der Individualität.

Im Unterschied zur indikationsspezifischen Rehabilitation sind in der Regel Krankenkassen die Rehabilitationsträger für die geriatrische Rehabilitation. Deshalb hat der GKV-Spitzenverband unter Beteiligung des Medizinischen Dienstes Empfehlungen herausgegeben. Die Rahmenempfehlungen wurden auf der Grundlage der „Rahmenempfehlungen zur ambulanten Rehabilitation der BAR – Allgemeiner Teil" vom 01.03.2016 erarbeitet und bilden die Basis für zielorientierte Leistungen sowie für die Anforderungen an ambulante geriatrische Rehabilitationseinrichtungen.

Definition „geriatrische Rehabilitation"

Geriatrie ist die medizinische Spezialdisziplin, die sich mit physischen, psychischen, funktionalen und sozialen Aspekten in der Versorgung von akuten und chronischen Krankheiten, der Rehabilitation und Prävention der Patienten sowie deren spezieller Situation am Lebensende befasst.

Für den Bereich der geriatrischen Rehabilitation muss beachtet werden, dass die gesundheitliche Gesamtsituation alter Menschen häufig durch das gleichzeitige Vorkommen mehrerer Krankheiten (Multimorbidität) und deren Folgen, altersbedingter Veränderungen sowie gesundheitlich relevanter Lebensumstände und Lebensgewohnheiten geprägt ist. Es ist zu berücksichtigen, dass bei alten Menschen häufig eine allgemein verminderte körperliche Belastungsfähigkeit und eine Abnahme der kognitiven Leistungen bestehen, ggf. zusätzlich mit einer psychischen und sozialen Verunsicherung und einer Antriebsminderung.

Für die medizinische Rehabilitation bedeutet dies, dass hieraus eine eingeschränkte Rehabilitationsfähigkeit resultieren kann.

Das Rehabilitationsziel ist in der Regel vor allem auf den Ausgleich der Beeinträchtigungen alltagsrelevanter Aktivitäten auszurichten und an das Lebensalter sowie die Lebenssituation des alten Menschen anzupassen.

Geriatrische Rehabilitation ist insbesondere dadurch gekennzeichnet, dass sie diesen besonderen Risiken der Rehabilitanden aufgrund deren eingeschränkter struktureller und funktioneller körperlicher Reserven Rechnung trägt und den Krankheitsauswirkungen indikationsübergreifend mit gezielten Therapien begegnen kann. Gründe für die Einschränkungen von Funktionsreserven finden sich in der Regel in der Kombination von physiologischen Veränderungen im höheren Lebensalter und den vorliegenden Schädigungen auf der Organebene.

Voraussetzungen für eine geriatrische Rehabilitation

Um die Leistung zu beantragen, sollten folgende Voraussetzungen erfüllt sein:

- ein höheres Lebensalter (70 Jahre oder älter)
- Rehabilitationsbedürftigkeit des Patienten
- positive Rehabilitationsprognose
- Rehabilitationsfähigkeit des Patienten

Bei der Indikationsprüfung sollte bereits bei der Frage nach der Rehabilitationsfähigkeit des Patienten zwischen der Beantragung einer indikationsspezifischen (z. B. orthopädische/kardiologische Rehabilitation) bzw. einer geriatrischen Rehabilitation unterschieden werden. Auf einen geriatrischen Rehabilitanden weist hin:

- Neben der rehabilitationsbegründenden Diagnose liegt eine geriatrietypische Multimorbidität vor und
- das Alter des Antragstellers beträgt in der Regel 70 Jahre und älter. Bei im Vordergrund stehender geriatrietypischer Multimorbidität

kann diese das Alterskriterium auf unter 70 Jahre absenken. Abweichungen sind bei erheblich ausgeprägter geriatrietypischer Multimorbidität nach unten bis zu einem Alter von 60 Jahren möglich.
- Bei einem Lebensalter 80 Jahre und älter und nur einer rehabilitationsbegründenden Diagnose sollte sorgfältig auf Hinweise einer alterstypisch erhöhten Vulnerabilität geachtet werden, die für eine geriatrische Rehabilitation sprechen. Solche Hinweise können z. B. sein:
  - vorbestehender Pflegegrad
  - Hinweise auf Komplikationen während eines Krankenhausaufenthalts (wie Delir, Thrombose, Infektion, Stürze)
  - kognitive Beeinträchtigungen
  - erhöhter Unterstützungsbedarf bei alltäglichen Verrichtungen

Sofern solche Hinweise vorhanden sind, ist in der Regel davon auszugehen, dass der Rehabilitand bessere Erfolgsaussichten in einer geriatrischen Rehabilitationseinrichtung haben wird.

Indikationskriterien der geriatrischen Rehabilitation

Grundsätzlich ist die Indikation vom Arzt für eine Leistung zur geriatrischen Rehabilitation zu prüfen. Dabei reicht es nicht aus, die Erkrankungen mit Diagnoseschlüsseln zu nennen und zu dokumentieren.

Notwendig ist vielmehr die Erfassung der Krankheitsauswirkungen mit Blick auf beeinträchtigte Aktivitäten und Teilhabe des alten Menschen in seinem individuellen Kontext. Die geriatrische Rehabilitation ist indiziert, wenn
- Rehabilitationsbedürftigkeit besteht,
- geriatrische Rehabilitationsfähigkeit besteht,
- eine positive Rehabilitationsprognose auf der Grundlage eines realistischen alltagsrelevanten Rehabilitationsziels besteht,
- keine Ausschlusskriterien vorliegen und
- die individuellen Voraussetzungen für diese Art der Rehabilitation erfüllt sind.

Die sozialmedizinische Indikation zu einer ambulanten geriatrischen Rehabilitation hat also nicht allein eine medizinische Diagnose zur Voraussetzung, sondern ergibt sich erst aus der zusammenfassenden

Analyse und Bewertung der oben beschriebenen Schädigungen, Beeinträchtigungen und Kontextfaktoren sowie der individuellen Voraussetzungen.

Für die jeweiligen Indikationskriterien sind die nachfolgenden Besonderheiten zu beachten.

Rehabilitationsbedürftigkeit

Rehabilitationsbedürftigkeit besteht, wenn aufgrund einer körperlichen, geistigen oder seelischen Schädigung

- voraussichtlich nicht nur vorübergehende alltagsrelevante Beeinträchtigungen der Aktivität vorliegen, durch die in absehbarer Zeit eine Beeinträchtigung der Teilhabe droht oder per se Beeinträchtigungen der Teilhabe bereits bestehen und
- über die kurative Versorgung hinaus der mehrdimensionale und interdisziplinäre Ansatz der medizinischen Rehabilitation erforderlich ist.

Zu den Beeinträchtigungen der Teilhabe gehört auch der Zustand der Pflegebedürftigkeit. In Abgrenzung zur indikationsspezifischen Rehabilitation gilt für die geriatrische Rehabilitation, dass der geriatrische Rehabilitand mehr als eine bei der Rehabilitation zu berücksichtigende Erkrankung aufweist.

Rehabilitationsfähigkeit

Rehabilitationsfähig sind Versicherte, wenn sie aufgrund ihrer somatischen und psychischen Verfassung die für die Durchführung und Mitwirkung bei der Leistung zur medizinischen Rehabilitation notwendige Belastbarkeit besitzen.

Die Rehabilitationsfähigkeit wird in der Praxis anhand des Barthel-Index gemessen. Der Barthel-Index ist ein Instrument zur Erfassung des Pflegebedarfs mit dem Schwerpunkt der Alltagskompetenzen. Zur Anwendung kommt er sowohl in der Geriatrie als auch im Bereich der neurologischen Reha. Anhand eines Fragebogens kann eine erste Übersicht darüber gewonnen werden, wie pflegebedürftig ein Patient ist und wie selbstständig er seinen Alltag noch meistern kann. Zudem kann er Grundlage zur Gewährung eines Pflegegrads sein. Mit dem Barthel-

Index ist es allerdings nicht möglich, die individuelle Situation eines jeden Pflegebedürftigen komplett zu erfassen.

Der Barthel-Index wird vom behandelnden Arzt dem Antrag auf Geriatrie beigefügt und enthält u. a. folgende Kriterien:

- Fähigkeit des selbstständigen Essens

- Fähigkeit, sich selbstständig auf- und umzusetzen
- Fähigkeit, sich selbstständig zu waschen
- Fähigkeit der selbstständigen Toilettenbenutzung
- Fähigkeit des selbstständigen Badens/Duschens
- Fähigkeit des selbstständigen Aufstehens und Gehens
- Fähigkeit des selbstständigen Treppensteigens
- Fähigkeit des selbstständigen An- und Auskleidens
- Vorliegen einer Stuhl- und Harninkontinenz

Zu den einzelnen Kriterien werden Punkte vergeben und anschließend anhand der Gesamtpunktzahl die Rehabilitationsfähigkeit des Versicherten beurteilt.

Rehabilitationsziele der Geriatrie

Übergeordnetes Rehabilitationsziel ist der Erhalt, die Verbesserung und Wiedergewinnung größtmöglicher Selbstständigkeit, Selbstbestimmung und Teilhabe am gesellschaftlichen Leben. Dies umfasst insbesondere die Vermeidung oder Verminderung von Pflegebedürftigkeit.

Möglichst frühzeitig sollen deshalb alltagsrelevante Beeinträchtigungen der Aktivitäten beseitigt, vermindert, eine Verschlimmerung verhütet oder eine drohende Beeinträchtigung der Teilhabe abgewendet bzw. eine bereits eingetretene Beeinträchtigung der Teilhabe beseitigt, vermindert oder deren Verschlimmerung verhütet werden.

Unter Berücksichtigung individuell realistischer Möglichkeiten sind alltagsrelevante Rehabilitationsziele zu formulieren, die dem Rehabilitanden ein selbstbestimmtes und möglichst selbstständiges Leben ermöglichen.

Individuelle alltagsrelevante Rehabilitationsziele können beispielsweise sein:

- Verbesserung der Steh- und Gehfähigkeit, um sich in der Wohnung wieder bewegen zu können

- Verbesserung der Kommunikationsfähigkeit, um Gespräche führen zu können
- Verbesserung der Sitzstabilität und -dauer zur Teilnahme am gesellschaftlichen Leben
- Verbesserung der Tagesstrukturierung zur Gewährleistung zeitgerechter Medikamenten- und Nahrungsaufnahme
- Reduzierung des Bedarfs an Fremdhilfe

Rehabiliationsprognose

Die Rehabilitationsprognose ist eine medizinisch begründete Wahrscheinlichkeitsaussage für den Erfolg der Leistung zur medizinischen Rehabilitation auf der Basis der Erkrankung, des bisherigen Verlaufs, des Kompensationspotenzials oder der Rückbildungsfähigkeit unter Beachtung und Förderung individueller positiver Kontextfaktoren, insbesondere der Motivation oder Motivierbarkeit des Versicherten

- über die Erreichbarkeit eines festgelegten Rehabilitationsziels
- durch eine geeignete Leistung der medizinischen Rehabilitation.

Eine positive Rehabilitationsprognose für die geriatrische Rehabilitation ist anzunehmen, wenn mindestens eines der nachfolgend genannten Kriterien zutrifft:

- Beseitigung oder Verminderung der alltagsrelevanten Beeinträchtigungen durch Verbesserung der Selbsthilfefähigkeit sind erreichbar.
- Strategien zur Alltagsbewältigung (Kompensation) sind mit Aussicht auf nachhaltigen Erfolg anzuwenden (trainierbar).
- Anpassungsmöglichkeiten (Adaption) sind vorhanden und nutzbar.

Ein wesentliches Kriterium zur Beurteilung der Rehabilitationsprognose ist somit die Klärung der Frage, welche Beeinträchtigungen in welchem Umfang seit wann bestehen und welche Rehabilitationsziele unter Berücksichtigung bereits durchgeführter ambulanter wie stationärer Maßnahmen, ggf. auch mit rehabilitativer Zielsetzung, angestrebt werden.

Ausschlusskriterien

Eine ambulante geriatrische Rehabilitation kommt nicht in Betracht, wenn

3

- ausschließlich kurative oder pflegerische Maßnahmen angezeigt sind,
- eine Krankenhausbehandlung erforderlich ist,
- eine stationäre geriatrische Rehabilitation notwendig ist, weil Art oder Ausmaß der Schädigungen oder Beeinträchtigungen der Aktivitäten eine pflegerische Betreuung oder ärztliche Überwachung in einem Umfang erfordern, der in einer ambulanten Einrichtung nicht zu leisten ist,
- die begründete Notwendigkeit einer zeitweisen Entlastung und Distanzierung vom sozialen Umfeld besteht oder
- eine indikationsspezifische Rehabilitation angezeigt ist.

Pflegebedürftigkeit stellt kein Ausschlusskriterium dar.

Leistungsbewilligung und Antragstellung

Wichtig: Seit dem 01.07.2022 erhalten Versicherte leichter einen Zugang zur geriatrischen Rehabilitation. Ob eine geriatrische Rehabilitation für Versicherte ab 70 Jahren medizinisch erforderlich ist, wird seither nicht mehr von der Krankenkasse geprüft. Stattdessen überprüft der Vertragsarzt anhand festgelegter Kriterien und über Funktionstests den medizinischen Bedarf. Folgende Kriterien sind durch den Vertragsarzt abzuklären und im Verordnungsformular Muster 61 darzulegen:

- Bestehen eines erhöhten Lebensalters (70 Jahre oder älter) und
- Vorliegen von mindestens einer rehabilitationsbegründenden Funktionsdiagnose und zwei geriatrietypischen Diagnosen

Daneben sind die aus Diagnosen resultierenden Schädigungen mit mindestens zwei geeigneten Funktionstests aus unterschiedlichen Schädigungsbereichen nachzuweisen, wobei ein Funktionstest für die rehabilitationsbegründende Funktionsdiagnose zu erfolgen hat.

Sind die Kriterien erfüllt, kann der Arzt mit den Ergebnissen die Erforderlichkeit auf dem Verordnungsformular begründen; die Krankenkasse prüft dann nur noch die leistungsrechtlichen Voraussetzungen (z. B. ob ein Versicherungsverhältnis besteht).

Abweichend davon kann die Krankenkasse im Einzelfall die medizinische Erforderlichkeit der Verordnung einer geriatrischen Rehabilitation

- für Versicherte über 60 und unter 70 Jahren mit einer erheblich ausgeprägten geriatrietypischen Multimorbidität oder
- bei der die Voraussetzungen für eine Rehabilitationsbedürftigkeit, Rehabilitationsfähigkeit, positive Rehabilitationsprognose und ein mögliches Erreichen der Rehabilitationsziele nicht vorliegen,

überprüfen. Soweit die Verordnung einer geriatrischen Rehabilitation für Versicherte über 60 und unter 70 Lebensjahren erfolgt, ist die Anwendung von Funktionstests nicht vorgesehen.

Formen der geriatrischen Rehabilitation

Stationäre Reha: Hier bleiben Rehabilitanden für mindestens drei Wochen in der Rehaklinik. Der stationäre Aufenthalt umfasst ärztliche Behandlung und Pflege. Idealtypischerweise sind dreimal täglich Anwendungen vorgesehen.

> **Wichtig:** Wenn Versicherte wohnortnah aufgenommen werden möchten, sollten sie dies unbedingt ihrer Krankenkasse mitteilen. Sie haben ein Wahlrecht und Mitspracherecht bei der Wahl der Reha-Einrichtung. Manche Kassen bevorzugen aber entferntere Kliniken, mit denen Verträge bestehen.

Ambulante Reha: Bei dieser Form der Reha verbringen die Rehabilitanden die Nächte zu Hause und die Tage in einem Rehazentrum oder ambulant in einer Rehaklinik. Meist bleiben sie halbtags inklusive Mittagessen und bekommen etwa fünf Therapieeinheiten. Ein Vorteil: Geübtes lässt sich direkt zuhause ausprobieren. Ambulante Reha ist auch nach einer stationären Reha möglich.

Mobile Reha: Das Therapeutenteam kommt in diesem Fall zum Patienten nach Hause. Er trainiert also dort, wo er das Gelernte braucht.

Aber ein Anspruch besteht nur, wenn keine andere Reha möglich ist – etwa bei Erblindung, fortgeschrittener Demenz, schweren psychiatrischen Problemen, Hang zum Weglaufen.

Die Krankenkasse prüft die Frage der Auswahl einer geeigneten Rehabilitationseinrichtung. Dabei gehen die Krankenkassen in der Regel

wie folgt vor:

- Geht aus der ärztlichen Verordnung, aus dem Antrag für eine Anschlussrehabilitation oder dem Pflegegutachten eine schlüssige Zuweisungsempfehlung hervor, kann in der Regel davon ausgegangen werden, dass der verordnende Arzt bzw. der Medizinische Dienst aufgrund der ihm möglichen unmittelbaren Einschätzung des Patienten eine sachgerechte Empfehlung abgegeben hat.
- Ist aus den Verordnungs- oder Antragsunterlagen bzw. dem Pflegegutachten nicht zweifelsfrei zu entnehmen, welche Art der Rehabilitation (z. B. eine geriatrische oder eine indikationsspezifische) erforderlich ist, sollte die Krankenkasse Rücksprache mit dem verordnenden Arzt oder dem Medizinischen Dienst nehmen, um eine sachgerechte Entscheidung über die für den Patienten am besten geeignete Rehabilitationsleistung zu treffen. Führt auch eine entsprechende Rückfrage nicht zu einer hinreichenden Klärung, wird empfohlen, eine sozialmedizinische Stellungnahme des Medizinischen Dienstes einzuholen.

Onkologische Rehabilitation

Als Teil der medizinischen Rehabilitation beschäftigt sich die onkologische Rehabilitation speziell mit der Behandlung von Gesundheits- und Funktionsstörungen nach einer Krebserkrankung. Mithilfe von gezielten diagnostischen und therapeutischen Maßnahmen sollen vor allem Gesundheit und berufliche Leistungsfähigkeit wiederhergestellt werden.

Weil – abhängig von der Art und Form der vorangegangenen Tumorerkrankung – sehr unterschiedliche körperliche und seelische Funktionsstörungen auftreten, wird die Maßnahme auf die persönlichen Bedürfnisse der Rehabilitanden ausgerichtet. Das Spektrum der einzelnen Maßnahmen ist deshalb sehr weitreichend. So werden z. B.

Physiotherapie zur Verbesserung der Beweglichkeit, Bestrahlungen bei Hautveränderungen, Sprachschulungen nach Entfernung des Kehlkopfs oder auch psychologische Hilfen angeboten.

Voraussetzungen für eine onkologische Rehabilitation

Grundsätzlich muss die Erstbehandlung einer diagnostizierten Krebserkrankung abgeschlossen sein, d. h., eventuell notwendige operative Eingriffe oder eine Strahlentherapie sollten bereits durchgeführt worden sein. Außerdem sollten die eingetretenen Folgestörungen der Erkrankung als solche therapiebar sein oder zumindest positiv beeinflusst werden können. Vor allem aber sollte der Rehabilitand selbst so weit belastbar sein, dass er an den Therapien der onkologischen Rehabilitation wirklich im erforderlichen Maß teilnehmen kann.

Ort und Dauer der Rehabilitation

Die jeweilige Therapie oder Rehabilitationsmaßnahme kann stationär oder ambulant in Anspruch genommen werden. Die gesamte Dauer der onkologischen Rehabilitation hängt insbesondere von der ursprünglichen Diagnose und dem Verlauf der Behandlung ab. Je nach medizinischer Notwendigkeit, die der Arzt bescheinigt, kann sie drei Wochen oder bis zu einem Jahr dauern. Unter Umständen darf sie sogar ein weiteres Jahr durchgeführt werden.

> ***Praxis-Tipp:***
>
> *Eine reguläre onkologische Rehabilitation kann bereits während einer ambulant durchgeführten Chemotherapie beantragt werden. Die Erstbehandlung der Krebserkrankung sollte jedoch abgeschlossen sein.*

Zuzahlung

Versicherte, die das 18. Lebensjahr vollendet haben und Leistungen zur medizinischen Rehabilitation einschließlich der erforderlichen Unterkunft und Verpflegung in Anspruch nehmen, zahlen für jeden Kalendertag dieser Leistungen zehn Euro als Zuzahlungsbetrag. Die Zuzahlung ist für längstens 14 Tage zu leisten, wenn der unmittelbare

Anschluss der stationären Heilbehandlung an eine Krankenhausbehandlung medizinisch notwendig ist (Anschlussrehabilitation); als unmittelbar gilt auch, wenn die Maßnahme innerhalb von 14 Tagen beginnt, es sei denn, die Einhaltung dieser Frist ist aus zwingenden tatsächlichen oder medizinischen Gründen nicht möglich. Hierbei ist eine innerhalb eines Kalenderjahres an einen Träger der gesetzlichen Krankenversicherung geleistete Zuzahlung anzurechnen.

Wichtig: Ist der Patient zum Zeitpunkt der Antragstellung noch nicht 18 Jahre alt oder erhält jemand während der Reha-Maßnahme Übergangsgeld, entfällt die Zuzahlung.

Anschlussrehabilitation

Die Anschlussrehabilitation ist eine ganztägig ambulante oder stationäre Leistung zur medizinischen Reha. Die Besonderheit dieser Leistung besteht darin, dass sie nur bei bestimmten Erkrankungen in Betracht kommt und sich unmittelbar (spätestens zwei Wochen nach der Entlassung) an eine stationäre Krankenhausbehandlung anschließt.

Voraussetzungen

Das Krankenhaus stellt fest, ob die Anschlussrehabilitation erforderlich ist. Der Sozialdienst des Krankenhauses hilft dem Patienten, den Antrag zu stellen.

Für die Anschlussrehabilitation gibt es zwei Wege, die davon abhängig sind, bei welchem Rentenversicherungsträger der Patient versichert ist:

1. Er wird direkt in eine Reha-Einrichtung verlegt, ohne dass die Entscheidung des Kostenträgers (Rentenversicherung oder Krankenversicherung) abgewartet werden muss.
2. Ist eine direkte Verlegung nicht möglich, wird der Patient schnellstmöglich in eine Reha-Einrichtung verlegt, nachdem der Kostenträger (Rentenversicherung oder Krankenversicherung) kurzfristig über den Antrag entschieden hat.

Weiterhin müssen bei der Antragstellung bestimmte versicherungsrechtliche Bedingungen vorliegen. Wenn der Versicherte in den letzten zwei Jahren sechs Kalendermonate mit Pflichtbeiträgen zur Rentenversicherung (muss nicht zusammenhängend sein) geleistet hat, ist der jeweilige Rentenversicherungsträger für dessen Anschlussrehabilitation zuständig. Sind die versicherungsrechtlichen Voraussetzungen nicht erfüllt, ergibt sich die Zuständigkeit der gesetzlichen Krankenversicherung.

Es darf auch kein sog. Ausschlussgrund vorliegen (z. B., dass der Antragsteller Beamter auf Lebenszeit ist – dann kann er Leistungen der Anschlussrehabilitation nicht über die Deutsche Rentenversicherung, aber möglicherweise über seine private Krankenversicherung beantragen).

Der zuständige Rentenversicherungsträger trägt die Kosten für Reise, Unterkunft, Verpflegung, ärztliche Betreuung, therapeutische Leistungen und medizinische Anwendungen.

Wichtig: Seit 01.07.2022 ist das Verfahren zur Beantragung einer Anschlussrehabilitation vereinfacht worden. Bei Vorliegen der Voraussetzungen für eine Rehabilitation für bestimmte Indikationen entfällt die Überprüfung durch die Krankenkassen, ob die Leistung medizinisch erforderlich ist, so beispielsweise bei Erkrankungen des Herzens, des Kreislaufsystems, nach Einsatz eines neuen Knie- oder Hüftgelenks oder bei Krebserkrankungen.

Zuzahlungsregelung

Bei einer sog. „stationären Anschlussrehabilitation“, die direkt auf eine Krankenhausbehandlung folgt, fallen Zuzahlungen nur für die ersten 14 Tage an.

Es gibt aber Ausnahmen: Wenn das monatliche Nettoeinkommen unter 1275 Euro liegt, können Versicherte eine Befreiung von der Zuzahlungspflicht beantragen. Rehabilitanden unter 18 Jahren sind generell von Zuzahlungen befreit.

> ***Praxis-Tipp:***
>
> *Informieren Sie sich beim Rentenversicherungsträger über die jeweiligen Einkommensgrenzen, ab denen Sie keine oder eine geminderte Zuzahlung leisten müssen.*

Arbeitnehmer haben für die Zeit der Rehabilitationsleistung regelmäßig einen Anspruch auf Fortzahlung ihres Gehalts, der im Allgemeinen sechs Wochen beträgt. Ist der Anspruch wegen gleichartiger Vorerkrankung ganz oder teilweise verbraucht, so kann vom Rentenversicherungsträger Übergangsgeld für die Dauer der Leistungen zur medizinischen Rehabilitation bezogen werden. Näheres hierzu in Kapitel 4.

Reha vor Rente

Die Rehabilitation soll laut Gesetz die „Beeinträchtigung der Erwerbsfähigkeit" beseitigen beziehungsweise das „vorzeitige Ausscheiden aus dem Erwerbsleben" verhindern oder hinausschieben. Darum haben Leistungen zur Rehabilitation immer Vorrang vor der Zahlung einer Rente wegen verminderter Erwerbsfähigkeit. Nur wenn eine Rehabilitationsleistung dieses Ziel voraussichtlich nicht erreichen kann, kann eine vorzeitige Rente gezahlt werden. Auch wenn der Versicherte bereits eine Erwerbsminderungsrente erhält, wird nachträglich geprüft, ob eine Rehabilitation für ihn zumutbar und geeignet ist, um seine Erwerbsfähigkeit wiederherzustellen. Im Interesse aller Versicherten gilt in der Rentenversicherung der Grundsatz „Reha vor Rente". Für den Rehabilitanden heißt das, dass er aktiv an der Rehabilitation und an der Wiederherstellung seiner Gesundheit beteiligt wird.

> ***Praxis-Tipp:***
>
> *Sollten Sie aus persönlichen Gründen die Umdeutung Ihres Reha-Antrags nicht wünschen, können Sie dieser Umdeutung unter Umständen widersprechen. Hat Sie jedoch Ihre Krankenkasse nach § 51 SGB V zur Stellung des Reha-Antrags aufgefordert, können Sie ohne Zustimmung Ihrer Krankenkasse*

der Umdeutung nicht widersprechen. Bitte wenden Sie sich in solchen Fällen unbedingt vorher an Ihre Krankenkasse.

Stellt die Rehabilitationseinrichtung fest, dass nur noch ein vermindertes oder gar kein Leistungsvermögen vorhanden ist, kann der Antrag auf Leistungen der Rehabilitation in einen Rentenantrag umgedeutet werden. In diesem Fall wird der Rentenversicherungsträger den Antragsteller darüber informieren und zur formellen Stellung eines Rentenantrags auffordern.

Leistungsumfang und Leistungserbringung der medizinischen Rehabilitation

Leistungen zur medizinischen Rehabilitation umfassen nach § 42 Abs. 2 SGB IX insbesondere:

- Behandlung durch Ärzte, Zahnärzte und Angehörige anderer Heilberufe, soweit deren Leistungen unter ärztlicher Aufsicht oder auf ärztliche Anordnung ausgeführt werden, einschließlich der Anleitung, eigene Heilungskräfte zu entwickeln
- Früherkennung und Frühförderung für Kinder mit Behinderungen und von Behinderung bedrohte Kinder
- Arznei- und Verbandsmittel
- Heilmittel einschließlich physikalischer, Sprach- und Beschäftigungstherapie
- Psychotherapie als ärztliche und psychotherapeutische Behandlung
- Hilfsmittel
- digitale Gesundheitsanwendungen
- Belastungserprobung und Arbeitstherapie

Die Vorschrift des § 42 Abs. 2 SGB IX hat lediglich deklaratorischen Charakter und für sich keine leistungsbegründende Wirkung. Die speziellen, für den jeweiligen Rehabilitationsträger verbindlichen Ziele und Leistungsinhalte finden sich in den jeweiligen maßgeblichen Rechtsvorschriften, z. B. für die gesetzliche Krankenversicherung also im SGB V oder für die gesetzliche Rentenversicherung im SGB VI.

Die einzelnen Leistungsinhalte der medizinischen Rehabilitation werden nun im Detail näher beschrieben.

Ärzte, Zahnärzte und Angehörige anderer Heilberufe

Die medizinische Rehabilitation umfasst die Behandlung durch Ärzte, Zahnärzte und Angehörige anderer Heilberufe unter ärztlicher Aufsicht oder ärztlicher Anordnung, einschließlich der Anleitung, eigene Heilungskräfte zu entwickeln. Zur Behandlung durch Ärzte und Zahnärzte gehören Beratung, Diagnosestellung und Therapie. Die Diagnostik bedient sich der üblichen Methoden aus Medizin, Psychologie und anderen Disziplinen. Im Rahmen der Diagnostik sind neben der medizinischen Diagnose auch die jeweils relevanten Persönlichkeitsmerkmale, Lebensbedingungen und Aspekte des Krankheitsverhaltens, auch vor dem Hintergrund der Lebensgeschichte des Patienten, abzuklären.

Bei einer Behandlung durch Angehörige anderer Heilberufe (beispielsweise Heilpraktiker und nichtärztliche Therapeuten wie Physio- oder Ergotherapeuten, Logopäden, medizinische Bademeister) ist es erforderlich, dass die Leistungen unter ärztlicher Aufsicht oder auf ärztliche Anordnung ausgeführt werden. Dieser Arztvorbehalt beruht darauf, dass die Erkenntnisse der medizinischen Wissenschaft als Grundlage der medizinischen bzw. rehabilitativen Versorgung beachtet werden müssen und die ausreichende Ausbildung, Kontrolle und Überwachung von nicht ärztlichen Personen gewährleistet werden soll. Die ärztliche Behandlung umfasst auch Maßnahmen in Krankenhäusern, Kur- und Spezialkliniken zu Rehabilitationszwecken.

Die Anleitung zur Entwicklung eigener Heilungskräfte trägt der grundsätzlich eigenen Verantwortung behinderter Menschen für ihre Gesundheit Rechnung, aber auch der wachsenden Bedeutung der Gesundheitsbildung.

Früherkennung und Frühförderung von Kindern

Die Leistungen zur Früherkennung und Frühförderung für Kinder mit Behinderungen und von Behinderung bedrohter Kinder sind in § 46 SGB IX ausführlich geregelt.

Wesentliche Aufgabe und Ziel der Frühförderung ist es, eine drohende oder bereits eingetretene Behinderung zum frühestmöglichen Zeitpunkt zu erkennen, drohenden Behinderungen entgegenzuwirken, Auswirkungen vorhandener Behinderungen durch gezielte Förder- und Behandlungsmaßnahmen zu mildern und betroffene Familien zu beraten.

Beispiel:

Miriam ist vier Jahre alt. Bei ihr wurde infolge wiederholter Auffälligkeiten in den U-Untersuchungen ein frühkindlicher Autismus diagnostiziert. Daher wurde ihr als Leistung der Frühförderung eine kindgerechte Autismustherapie verordnet.

Der Bundesausschuss der Ärzte und Krankenkassen hat in seinen Kinderrichtlinien zur Früherkennung von Krankheiten bei Kindern bis zur Vollendung des sechsten Lebensjahres detaillierte Regelungen verabschiedet. Die Rechtsgrundlage hierfür bietet § 26 SGB V. Die nach diesen Richtlinien durchzuführenden ärztlichen Maßnahmen dienen der Früherkennung von Krankheiten, die eine normale körperliche oder geistige Entwicklung des Kindes in nicht geringfügigem Maße gefährden. Im Rahmen der U1- bis U9-Untersuchungen wurde auch bei Miriam aus dem Beispiel der frühkindliche Autismus festgestellt.

Arznei- und Verbandsmittel

Leistungen zur medizinischen Rehabilitation umfassen auch Arznei- und Verbandsmittel.

Versicherte haben Anspruch auf Versorgung mit apothekenpflichtigen Arzneimitteln, soweit die Arzneimittel nicht durch Gesetz oder Rechtsverordnung oder durch die Arzneimittel-Richtlinie ausgeschlossen sind, und auf Versorgung mit Verbandsmitteln, Harn- und Blutteststreifen.

Wichtig: Die Versorgung mit Arzneimitteln, die aus Drogerien, Reformhäusern und Supermärkten bezogen werden, sind nicht umfasst, da diese nicht apothekenpflichtig sind.

Nicht verschreibungspflichtige Arzneimittel sind von der Versorgung zulasten der Krankenkasse ausgeschlossen.

Eine Verordnung von Arzneimitteln ist – von Ausnahmefällen abgesehen – nur zulässig, wenn sich der behandelnde Arzt von dem Zustand des Versicherten überzeugt hat oder wenn ihm der Zustand aus der laufenden Behandlung bekannt ist.

Vor einer Verordnung von Arzneimitteln ist zu prüfen, ob

- eine behandlungsbedürftige Krankheit vorliegt,
- angesichts von Art und Schweregrad der Gesundheitsstörung Maßnahmen im Sinne einer gesundheitsbewussten Lebensführung ausreichend sind,
- anstelle der Verordnung von Arzneimitteln nichtmedikamentöse Therapien in Betracht zu ziehen sind,
- angesichts von Art und Schweregrad der Gesundheitsstörung eine Arzneimittelverordnung zulasten der gesetzlichen Krankenversicherung medizinisch notwendig ist,
- angesichts von Art und Schweregrad der Gesundheitsstörung und der bei ihrer Behandlung zu erwartenden therapeutischen Effekte zweckmäßige und wirtschaftliche Arzneimittel zur Verfügung stehen und
- bei alkoholhaltigen Arzneimitteln zur oralen Anwendung insbesondere bei Kindern sowie bei Personen mit Lebererkrankungen, Alkoholkrankheit, Epilepsie, Hirnschädigung oder bei Schwangeren alkoholfreie Arzneimittel zur Verfügung stehen, die zur Behandlung geeignet sind.

Wie bereits erwähnt, sind nicht verschreibungspflichtige Arzneimittel von der Versorgung ausgenommen. Dies gilt nicht für:

- versicherte Kinder bis zum vollendeten zwölften Lebensjahr
- versicherte Jugendliche bis zum vollendeten 18. Lebensjahr mit Entwicklungsstörungen

Für Versicherte, die das 18. Lebensjahr vollendet haben, sind von der Versorgung folgende verschreibungspflichtige Arzneimittel bei Verordnung in den genannten Anwendungsgebieten ausgeschlossen:

- Arzneimittel zur Anwendung bei Erkältungskrankheiten und grippalen Infekten einschließlich der bei diesen Krankheiten anzuwendenden Schnupfenmittel, Schmerzmittel, hustendämpfenden und hustenlösenden Mittel

- Mund- und Rachentherapeutika, ausgenommen bei Pilzinfektionen
- Abführmittel
- Arzneimittel gegen Reisekrankheit

Von der Versorgung sind außerdem Arzneimittel ausgeschlossen, bei deren Anwendung eine Erhöhung der Lebensqualität im Vordergrund steht. Ausgeschlossen sind insbesondere Arzneimittel, die überwiegend

- zur Behandlung der erektilen Dysfunktion,
- der Anreizung sowie Steigerung der sexuellen Potenz,
- zur Raucherentwöhnung,
- zur Abmagerung oder zur Zügelung des Appetits,
- zur Regulierung des Körpergewichts oder
- zur Verbesserung des Haarwuchses

dienen.

Wichtig: Der Ausschluss gilt auch für Heilmittel, wenn sie im Anwendungsgebiet der ausgeschlossenen Arzneimittel verwendet werden.

Nach einer Verordnung über unwirtschaftliche Arzneimittel sind solche Arzneimittel ausgeschlossen, welche

- nicht erforderliche Bestandteile enthalten und
- deren Wirksamkeit wegen der Vielzahl von arzneilich wirksamen Bestandteilen nicht nachgewiesenen therapeutischen Nutzen haben.

Von der Versorgung sind Arzneimittel als unwirtschaftlich ausgeschlossen, deren Wirkungen wegen der Vielzahl der enthaltenen arzneilich wirksamen Bestandteile nicht mit ausreichender Sicherheit beurteilt werden können. Dies sind Arzneimittel, die mehr als drei arzneilich wirksame Bestandteile enthalten. Dies gilt nicht für:

- Arzneimittel als ausschließlich homöopathische oder anthroposophische Zubereitungen oder mit ausschließlich phytotherapeutischen Bestandteilen

- medizinische Kunststoffe für chirurgische Eingriffe, Biomaterialien, Zahnfüllstoffe, Infusionslösungen, Sera, Impfstoffe und Blutbestandteile
- Arzneimittel, die ausschließlich zur Substitution von Aminosäuren, Vitaminen, Mineralstoffen oder Spurenelementen bestimmt und bei Mangelerkrankungen oder therapiebedingtem Überbedarf notwendig sind

Unter Verbandsmitteln versteht man Gegenstände, die dazu bestimmt sind, am menschlichen Körper oder in Körperhöhlen angewendet zu werden. Im Bereich der gesetzlichen Krankenversicherung sind nach § 31 Abs. 1 Satz 1 SGB V Verbandsmittel, die anders als Arzneimittel keinem Zulassungsverfahren unterliegen, Gegenstände, die dazu bestimmt sind, an der Oberfläche geschädigte Körperteile zu bedecken, Körperflüssigkeiten aufzusaugen oder der Anwendung von Arzneimitteln zu dienen.

Hierzu gehören etwa Wund- und Heftpflaster, Kompressen, Mittel zur feuchten Wundversorgung, Mull- und Fixierbinden, Gipsverbände, Mullkompressen, Nabelkompressen, Stütz-, Entlastungs-, Steif- oder Kompressionsverbände sowie Verbandsmittel zum Fixieren oder zum Schutz von Verbänden; zu den Verbandsmitteln gehört auch das Trägermaterial (z. B. Gazestreifen), das arzneilich wirkende Stoffe für oberflächengeschädigte Körperteile enthält. Gegenstände, die keine bedeckende oder aufsaugende Hauptwirkung haben, sind ohne ergänzende weitere Wirkung zur Wundheilung keine Verbandsmittel, es sei denn, sie dienen der Anfertigung von Verbänden.

Heilmittel

Nach § 42 Abs. 2 Nr. 4 SGB IX zählen auch Heilmittel einschließlich physikalischer, Sprach- und Beschäftigungstherapie zum Leistungskatalog. Heilmittel sind alle ärztlich verordneten Dienstleistungen, die einem Heilzweck dienen oder einen Heilerfolg sichern und nur von entsprechend ausgebildeten Personen erbracht werden dürfen.

Im Bereich der Krankenversicherung haben nach § 32 Abs. 1 SGB V Versicherte Anspruch auf Heilmittelversorgung, soweit diese nicht durch Gesetz oder Rechtsverordnung ausgeschlossen sind. Für nicht ausgeschlossene Heilmittel bleiben die Heilmittel-Richtlinien geltend.

Näheres zum Leistungsinhalt und eine Konkretisierung des Anspruchs nach § 32 SGB V findet sich u. a. in der vom Gemeinsamen Bundesausschuss beschlossenen Heilmittel-Richtlinie. Diese Richtlinie wurde zuletzt am 17.02.2022 mit Wirkung zum 01.07.2022 geändert.

Heilmittel sind persönlich zu erbringende medizinische Leistungen. Heilmittel sind:

- die einzelnen Maßnahmen der Physiotherapie
- die einzelnen Maßnahmen der Podologischen Therapie
- die einzelnen Maßnahmen der Stimm-, Sprech-, Sprach- und Schlucktherapie
- die einzelnen Maßnahmen der Ergotherapie
- die Ernährungstherapie

Physiotherapie

Physiotherapie im Sinne der Heilmittel umfasst die physiotherapeutischen Verfahren der Bewegungstherapie sowie die physikalische Therapie. Physiotherapie nutzt sowohl die aktive selbstständig ausgeführte, die assistive, therapeutisch unterstützte als auch die passive, beispielsweise durch die Therapeutin oder den Therapeuten geführte Bewegung des Menschen, bei Bedarf ergänzt durch den Einsatz physikalischer Therapien wie Massage-, Hydro-, Thermo- oder Elektrotherapie.

Die Maßnahmen der physikalischen Therapie lassen sich unterteilen in:

- Massagetherapie
- Bewegungstherapie (z. B. Krankengymnastik)
- Traktionsbehandlung
- Elektrotherapie
- Kohlensäurebäder
- Inhalationstherapie
- Thermotherapie

Podologische Therapie

Die Podologische Therapie umfasst das fachgerechte Abtragen bzw. Entfernen von krankhaften Hornhautverdickungen, das Schneiden, Schleifen und Fräsen von krankhaft verdickten Zehennägeln und die Behandlung von Zehennägeln mit Tendenz zum Einwachsen sowie von

eingewachsenen Zehennägeln im Stadium 1.

Zur Podologischen Therapie gehört auch die regelmäßige Unterweisung in der sachgerechten eigenständigen Durchführung der Fuß-, Haut- und Nagelpflege sowie die Vermittlung von Verhaltensmaßregeln, um Fußverletzungen und Folgeschäden zu vermeiden.

Maßnahmen der Stimm-, Sprech-, Sprach- und Schlucktherapie

Die Maßnahmen dienen dazu,

- die Kommunikationsfähigkeit,
- die Stimmgebung,
- das Sprechen,
- die Sprache und
- den Schluckakt

bei krankheitsbedingten Störungen

- wiederherzustellen,
- zu verbessern oder
- eine Verschlimmerung zu vermeiden.

Die Ärzte können seit dem 01.01.2021 Schlucktherapie als eigenes Heilmittel verordnen. Davor war sie unter den Maßnahmen der Stimm-, Sprech- und Sprachtherapie eingegliedert.

Im Rahmen der Sprachtherapie sollen Patienten mit Behinderungen der sprachlichen Kommunikation, des Sprechens oder der Stimme befähigt werden, sich mit oder ohne technische Hilfsmittel zu verständigen.

Ergotherapie

Die Maßnahmen der Ergotherapie (Beschäftigungs- und Arbeitstherapie) dienen der Wiederherstellung, Entwicklung, Verbesserung, Erhaltung oder Kompensation der krankheitsbedingt gestörten motorischen, sensorischen, physischen und kognitiven Funktionen und Fähigkeiten.

Ernährungstherapie

Ernährungstherapie ist ein verordnungsfähiges Heilmittel, das sich auf die ernährungstherapeutische Behandlung seltener angeborener Stoffwechselerkrankungen oder Mukoviszidose (Cystische Fibrose – CF) richtet, wenn sie als medizinische Maßnahme (ggf. in Kombination mit anderen Maßnahmen) zwingend erforderlich ist, da ansonsten schwere geistige oder körperliche Beeinträchtigungen oder Tod drohen.

Ernährungstherapie richtet sich an den Patienten oder die relevanten Bezugspersonen.

Zuzahlungen

Versicherte, die das 18. Lebensjahr vollendet haben, haben zu den Kosten der Heilmittel eine Zuzahlung von zehn Prozent der Kosten sowie zehn Euro je Verordnung an die abgebende Stelle zu leisten.

Die Zuzahlungen für die Heilmittel, die als Bestandteil der ärztlichen Behandlung abgegeben werden, errechnen sich aus den Preisen, die hier vereinbart worden sind.

Wichtig: Die Zuzahlungen sind nur bis zur Höhe der Belastungsgrenze nach § 62 SGB V zu leisten.

Psychotherapie

Auch die Psychotherapie zählt zu den Leistungen der medizinischen Rehabilitation.

Das Gesetz hat damit die Psychotherapeuten – in vergleichbarer Weise wie bisher schon Ärzte und Zahnärzte – zur unmittelbaren Behandlung der Versicherten der Krankenkassen zugelassen. Hinzuweisen ist auch auf die Psychotherapie-Richtlinie der Krankenkassen nach § 92 Abs. 1 SGB V.

Psychotherapie wendet methodisch definierte Interventionen an, die auf als Krankheit diagnostizierte seelische Störungen einen systematisch verändernden Einfluss nehmen und Bewältigungsfähigkeiten des Individuums aufbauen.

Psychotherapie kann bei allen Indikationen als Einzeltherapie, als Gruppentherapie oder als Kombination aus Einzel- und Gruppentherapie sowie bei der Systemischen Therapie als Behandlung des Patienten zusammen mit relevanten Bezugspersonen aus Familie oder sozialem Umfeld (Mehrpersonensetting) auch in Kombination mit Einzel- oder Gruppentherapie Anwendung finden. Nach diagnostischer Abklärung des Störungsbildes ist die Eignung der Behandlung in den verschiedenen Settings individuell zu prüfen und bei der Behandlungsplanung die Auswahl des geeigneten Behandlungssettings individuell und in Absprache mit dem Patienten zu treffen.

Behandlungsformen der Psychotherapie

Folgende Behandlungsformen sind anerkannte Psychotherapieverfahren. Ihnen liegt ein umfassendes Theoriesystem der Krankheitsentstehung zugrunde und ihre spezifischen Behandlungsmethoden sind in ihrer therapeutischen Wirksamkeit belegt:

- psychoanalytisch begründete Verfahren
- Verhaltenstherapie
- Systemische Therapie

Psychoanalytisch begründete Verfahren

Diese Verfahren stellen Formen einer ätiologisch orientierten Psychotherapie dar, welche die unbewusste Psychodynamik neurotischer Störungen mit psychischer oder somatischer Symptomatik zum Gegenstand der Behandlung machen. Zur Sicherung ihrer psychodynamischen Wirksamkeit sind bei diesen Verfahren übende und suggestive Interventionen auch als Kombinationsbehandlung grundsätzlich ausgeschlossen.

Verhaltenstherapie

Die Verhaltenstherapie als Krankenbehandlung umfasst Therapieverfahren, die vorwiegend auf der Basis der Lern- und Sozialpsychologie entwickelt worden sind. Unter den Begriff „Verhalten“ fallen dabei beobachtbare Verhaltensweisen sowie kognitive, emotionale, motivationale und physiologische Vorgänge. Verhaltenstherapie erfordert die

Analyse der ursächlichen und aufrechterhaltenden Bedingungen des Krankheitsgeschehens (Verhaltensanalyse). Sie entwickelt ein entsprechendes Störungsmodell und eine übergeordnete Behandlungsstrategie, aus der heraus die Anwendung spezifischer Interventionen zur Erreichung definierter Therapieziele erfolgt.

Systemische Therapie

Die Systemische Therapie fokussiert den sozialen Kontext psychischer Störungen und misst dem interpersonellen Kontext eine besondere ätiologische Relevanz bei. Symptome werden als kontraproduktiver Lösungsversuch psychosozialer und psychischer Probleme verstanden, die wechselseitig durch intrapsychische (kognitivemotive), biologisch-somatische sowie interpersonelle Prozesse beeinflusst sind. Theoretische Grundlage sind insbesondere die Kommunikations- und Systemtheorien, konstruktivistische und narrative Ansätze und das biopsychosoziale Systemmodell. Grundlage für Diagnostik und Therapie von psychischen Störungen im Sinne dieser Richtlinie ist die Analyse der Elemente der jeweiligen relevanten Systeme und ihrer wechselseitigen Beziehungen, sowohl unter struktureller als auch generationaler Perspektive und eine daraus abgeleitete Behandlungsstrategie. Der Behandlungsfokus liegt in der Veränderung von symptomfördernden, insbesondere familiären und sozialen Interaktionen, narrativen und intrapsychischen Mustern hin zu einer funktionaleren Selbst-Organisation des Patienten und des für die Behandlung relevanten sozialen Systems, wobei die Eigenkompetenz der Betroffenen genutzt wird.

Hilfsmittel

Zum Leistungsspektrum der medizinischen Rehabilitationsleistungen des Rentenversicherungsträgers zählt auch die Versorgung mit Hilfsmitteln (§ 15 Abs. 1 Satz 1 SGB VI i. V. m. § 42 Abs. 2 Nr. 6 SGB IX).

Hilfsmittel sind laut der Hilfsmittel-Richtlinie „sächliche Mittel oder technische Produkte, die individuell gefertigt oder als serienmäßig hergestellte Ware in unverändertem Zustand oder als Basisprodukt mit entsprechender handwerklicher Zurichtung, Ergänzung bzw. Abänderung von den Leistungserbringern abgegeben werden".

Die Hilfsmittel sind in § 47 SGB IX ausführlich geregelt. Im Unterschied zu den Heilmitteln handelt es sich bei den Hilfsmitteln um sachliche Gegenstände (insb. Körperersatzstücke und orthopädische Hilfen). Sie werden als Hilfen definiert, die von den Leistungsberechtigten getragen oder mitgeführt oder bei einem Wohnungswechsel mitgenommen werden können und mit denen behinderungsbedingte oder heilmittelbezogene Zwecke erreicht werden sollen (vgl. § 47 Abs. 1 Nr. 1 bis 3 SGB IX). Mit diesen Zwecken unterscheidet sich der Hilfsmittelbegriff nach dem SGB IX von dem der gesetzlichen Krankenversicherung im SGB V, weil letzterer die Sicherung des Erfolgs der Krankenbehandlung umfasst (§ 33 Abs. 1 Satz 1 SGB V).

Im Bereich der gesetzlichen Krankenversicherung hat der Gemeinsame Bundesausschuss Richtlinien über die Verordnung von Hilfsmitteln nach § 92 Abs. 1 Nr. 6 SGB V beschlossen. Die Richtlinien sind für Versicherte wie Leistungserbringer verbindlich nach § 91 Abs. 6 SGB V. Die Vorschrift regelt einheitlich die Grundsätze und den Leistungsumfang der Versorgung mit Hilfsmitteln unter den bestimmten Zielrichtungen für den Einsatz der Versorgung, soweit die Hilfsmittel als Leistung zur medizinischen Rehabilitation von den verschiedenen Rehabilitationsträgern erbracht werden.

> ***Praxis-Tipp:***
>
> *Die Hilfsmittel-Richtlinie für die Krankenversicherung kann auf der Internetseite des Gemeinsamen Bundesausschusses (G-BA) (www.g-ba.de) unter dem Stichwort „Richtlinie“ eingesehen werden.*

Die Versorgung umfasst auch die Änderung, Instandhaltung, Ersatzbeschaffung sowie die Ausbildung im Gebrauch eines Hilfsmittels. In diesen Fällen wird der Rehabilitationsträger zur Prüfung angehalten, festzustellen, welche Maßnahme bei gleicher Wirksamkeit wirtschaftlicher ist; außerdem werden Mitwirkungspflichten des Leistungsberechtigten vorgesehen. Es wird klargestellt, dass bei einem geeigneten Hilfsmittel, das in einer aufwendigeren Ausführung gewählt wird, die Mehrkosten selbst zu tragen sind. Hilfsmittel können auch leihweise überlassen werden.

> **Wichtig:** Mit der gesetzlichen Regelung des § 47 SGB IX ist der Hilfsmittelbegriff für alle Träger von Leistungen der medizinischen Rehabilitation (§ 5 Nr. 1, § 6 Abs. 1 SGB IX) einheitlich definiert worden.

Nach § 7 Abs. 1 Satz 1 SGB IX gilt der Vorbehalt abweichender Regelungen für den einzelnen Rehabilitationsträger. Die Vorschrift verschafft keine über das jeweilige Leistungsrecht des Trägers der Rehabilitation hinausgehende Ansprüche auf Hilfsmittelgewährung.

Auch die Vorschriften des SGB V haben keine weiteren Ansprüche über den schon bis dahin geltenden Behinderungsausgleich geschaffen. D. h., nach § 7 Abs. 1 Satz 2 SGB IX bleibt insbesondere die Regelung des § 33 SGB V maßgeblich. Die Zuständigkeit und die Voraussetzungen für die Leistungen zur Teilhabe richten sich nach den für den jeweiligen Rehabilitationsträger geltenden Leistungsgesetzen. Rechtsansprüche auf ein Hilfsmittel sind daher aus den spezifischen Leistungsgesetzen, z. B. für den Bereich der gesetzlichen Krankenversicherung, aus § 33 SGB V herzuleiten.

Die in den Leistungsgesetzen getroffenen Zuzahlungsregelungen werden durch § 47 SGB IX nicht verändert. Im Bereich der gesetzlichen Unfallversicherung verweist § 31 Abs. 1 Satz 3 SGB VII auf die Festbetragsregelung des § 36 SGB V.

In mehreren Urteilen (B 3 KR 18/17 R, B 3 KR 12/17 R und B 3 KR 4/16 R) hatte das Bundessozialgericht am 15.03.2019 zu entscheiden, ob bei der Versorgung mit Hilfsmitteln § 13 Abs. 3a SGB V oder § 18 SGB IX Anwendung findet.

Die Regelungen des § 13 Abs. 3a SGB V oder § 18 SGB IX enthalten Fristregelungen für die Leistungsentscheidung durch den jeweils zuständigen Leistungsträger.

Der Unterschied ist in den unterschiedlichen Bearbeitungsfristen begründet. Bei der Versorgung des Hilfsmittels nach § 13 Abs. 3a SGB V im Rahmen der Krankenbehandlung gilt eine Drei-Wochen-Frist für die Krankenkasse zur Bearbeitung, danach gilt die Leistung als genehmigt.

Ist das Hilfsmittel Gegenstand der Leistung der Rehabilitation, gilt eine Zwei-Monats-Frist für die Bearbeitung durch die Krankenkasse.

Erfolgt keine begründete Mitteilung, gilt die beantragte Leistung nach Ablauf der Frist als genehmigt.

Das Bundessozialgericht hat allein zur Lösung dieses Konflikts Hilfsmittel, die dem (mittelbaren und unmittelbaren) Behinderungsausgleich oder der Vorbeugung einer drohenden Behinderung dienen, „verfahrensrechtlich“ dem SGB IX zugeordnet. In seiner Rechtsprechung setzt sich das Bundessozialgericht nicht mit der Einordnung von Hilfsmitteln aus dem Blickwinkel des Leistungsrechts auseinander. Bei Hilfsmitteln, die dem Behinderungsausgleich oder der Vorbeugung einer drohenden Behinderung dienen, sind in Bezug auf die Koordinierung der Leistung und die Berücksichtigung von Fristen die §§ 14 ff. SGB IX anzuwenden. Dies gilt unabhängig davon, ob eine trägerübergreifende Leistungsfeststellung gegeben ist. Zudem ist zu berücksichtigen, dass diese Hilfsmittel zugleich Leistungen zur Teilhabe anderer Rehabilitationsträger sein können.

Erstattung selbstbeschaffter Leistungen nach § 18 SGB IX

Kann über einen Antrag auf Leistungen zur Teilhabe nicht innerhalb einer Frist von zwei Monaten ab Antragseingang bei dem leistenden Rehabilitationsträger entschieden werden, teilt dieser dem Antragsteller vor Ablauf der Frist die Gründe hierfür schriftlich mit (begründete Mitteilung).

In der begründeten Mitteilung ist auf den Tag genau zu bestimmen, bis wann über den Antrag entschieden wird. In der begründeten Mitteilung kann der leistende Rehabilitationsträger die Frist von zwei Monaten nur in folgendem Umfang verlängern:

- um bis zu zwei Wochen zur Beauftragung eines Sachverständigen für die Begutachtung infolge einer nachweislich beschränkten Verfügbarkeit geeigneter Sachverständiger
- um bis zu vier Wochen, soweit von dem Sachverständigen die Notwendigkeit für einen solchen Zeitraum der Begutachtung schriftlich bestätigt wurde
- für die Dauer einer fehlenden Mitwirkung der Leistungsberechtigten, wenn und soweit den Leistungsberechtigten nach § 66 Abs. 3

SGB I schriftlich eine angemessene Frist zur Mitwirkung gesetzt wurde

Wichtig: Erfolgt keine begründete Mitteilung, gilt die beantragte Leistung nach Ablauf der Frist als genehmigt. Die beantragte Leistung gilt auch dann als genehmigt, wenn der in der Mitteilung bestimmte Zeitpunkt der Entscheidung über den Antrag ohne weitere begründete Mitteilung des Rehabilitationsträgers abgelaufen ist.

Im Rahmen der Hilfsmittelversorgung haben Versicherte Anspruch auf Versorgung mit:

- Sehhilfen
- Hörhilfen
- Körperersatzstücken
- orthopädischen und anderen Hilfsmitteln, die im Einzelfall erforderlich sind, um
  - den Erfolg der Krankenbehandlung zu sichern,
  - einer drohenden Behinderung vorzubeugen oder
  - eine Behinderung bei der Befriedigung von Grundbedürfnissen des täglichen Lebens auszugleichen, soweit die Hilfsmittel nicht allgemeine Gebrauchsgegenstände des täglichen Lebens sind

Gebrauchsgegenstände des täglichen Lebens

Zu den Gebrauchsgegenständen des täglichen Lebens zählen die Mittel, die allgemein Verwendung finden und üblicherweise von einer großen Zahl von Personen benutzt werden bzw. in einem Haushalt vorhanden sind. Diese Gebrauchsgegenstände, teilweise auch als Alltagshilfen für Menschen mit Behinderungen bezeichnet, begründen in keinem Fall eine Leistungsverpflichtung der gesetzlichen Krankenversicherung.

Dies sind z. B. technische Geräte wie Elektromesser oder elektrischer Dosenöffner sowie praktische Hilfen wie ein verlängerter Schuhanzieher.

Hilfsmittel in der Rentenversicherung

Im Rahmen des § 15 SGB VI erbringt die gesetzliche Rentenversicherung bei Vorliegen der persönlichen und versicherungsrechtlichen Voraussetzungen (§ 9 Abs. 2 SGB VI) Hilfsmittel, um die Erwerbsfähigkeit des Versicherten günstig zu beeinflussen.

Zu den Hilfsmitteln zählen auch Zubehörteile, ohne die das Basisprodukt nicht oder nicht zweckentsprechend betrieben werden kann (z. B. Wasserschutzvorrichtung, Batterien). Der Anspruch umfasst auch die notwendige

- Änderung/Anpassung,
- Instandsetzung (Reparatur),
- Ersatzbeschaffung (bei Hilfsmitteln, die sich verbrauchen oder die wegen eines Schadens nicht mehr benutzt werden können),
- Übernahme von Nebenkosten (z. B. Stromkosten, Kosten für die Unterstellung eines elektrischen Rollstuhls),
- Gebrauchsausbildung (z. B. bei Hilfsmitteln, deren Bedienung oder Wartung kompliziert ist) und
- Wartung und technische Kontrolle (zum Schutz der Versicherten vor unvertretbaren gesundheitlichen Risiken)

von Hilfsmitteln.

Abgrenzung der Zuständigkeit Kranken- und Rentenversicherung bei Hilfsmitteln

Hinsichtlich der sich überschneidenden Zuständigkeiten im Bereich der medizinischen Teilhabeleistungen fehlt es an einer allgemeinen gesetzlichen Regelung eines Vor-Nachrang-Verhältnisses zwischen Kranken- und Rentenversicherung.

Zwar bestimmt § 40 Abs. 4 SGB V, dass Leistungen zur medizinischen Rehabilitation nur erbracht werden, wenn nach den für andere Träger der Sozialversicherung geltenden Vorschriften solche Leistungen nicht erbracht werden können. Diese Vorschrift verwendet jedoch einen wesentlich engeren Begriff der Leistungen zur medizinischen Rehabilitation als dies in § 26 SGB IX der Fall ist. § 40 Abs. 4 SGB V bezieht sich nur auf ambulante und stationäre Rehabilitationsleistungen i. S. d. § 40

Abs. 1 und 2 SGB V. Auf solitär notwendige Hilfsmittel (außerhalb von ambulanten und stationären Rehabilitationsleistungen) ist § 40 Abs. 4 SGB V deshalb nicht anwendbar.

Die Abgrenzung hat nach allgemeinen Kriterien, insbesondere unter Berücksichtigung der den Zuständigkeitsbereich der gesetzlichen Krankenversicherung maßgeblich bestimmenden Begriffe des Basisausgleichs und der Grundbedürfnisse, zu erfolgen. So erscheint es auch wenig sachgemäß, etwa die Versorgung mit Körperersatzstücken nur deshalb der Rentenversicherung aufzubürden, weil der Betroffene berufstätig ist und das Hilfsmittel im Beruf ebenso wie im täglichen Leben zum Behinderungsausgleich benötigt (vgl. BSG, Urteil v. 30.10.2014, B 5 R 8/14 R).

Soweit daher z. B. eine ausreichende Verbesserung des Hörvermögens, wie sie im Rahmen dieser Basisversorgung von der gesetzlichen Krankenversicherung sicherzustellen ist, durch die Leistungen der Krankenversicherung erreicht werden kann, ist allein die Krankenkasse zuständig. Erst dann, wenn sich aus der konkreten beruflichen Situation des Versicherten besondere, über die Grundbedürfnisse hinausgehende Anforderungen an das Hörvermögen ergeben, ist eine Eintrittspflicht der Rentenversicherung denkbar. Das ist dann der Fall, wenn gerade die Verhältnisse des Arbeitsplatzes besondere Hilfsmittel (etwa höhenverstellbare Arbeitstische, orthopädische Sitzgelegenheiten etc.) erforderlich werden, weil dann eine besondere berufliche Betroffenheit anzunehmen ist (vgl. BSG, Urteil v. 24.01.2013, B 3 KR 5/12 R).

In diesem Fall ist die Leistungsverpflichtung des Rentenversicherungsträgers nur gegeben, wenn das Leistungsspektrum bzw. der Leistungsumfang denjenigen der Krankenversicherung übersteigt.

Sehhilfen in der Krankenversicherung

Versicherte haben bis zur Vollendung des 18. Lebensjahres Anspruch auf Versorgung mit Sehhilfen. Für Versicherte, die das 18. Lebensjahr vollendet haben, besteht der Anspruch auf Sehhilfen nur, wenn sie

- nach ICD-10-GM-2017 aufgrund ihrer Sehbeeinträchtigung oder Blindheit bei bestmöglicher Brillenkorrektur auf beiden Augen eine schwere Sehbeeinträchtigung mindestens der Stufe 1 oder

- einen verordneten Fern-Korrekturausgleich für einen Refraktionsfehler von mehr als sechs Dioptrien bei Myopie oder Hyperopie oder mehr als vier Dioptrien bei Astigmatismus

aufweisen.

Anspruch auf therapeutische Sehhilfen besteht, wenn diese der Behandlung von Augenverletzungen oder Augenerkrankungen dienen. Der Gemeinsame Bundesausschuss bestimmt in der Hilfsmittel-Richtlinie, bei welchen Indikationen therapeutische Sehhilfen verordnet werden. Der Anspruch auf Versorgung mit Sehhilfen umfasst nicht die Kosten des Brillengestells.

Die Abgabe von therapeutischen Sehhilfen zulasten der gesetzlichen Krankenversicherung setzt eine Verordnung durch einen Facharzt für Augenheilkunde auf der Grundlage einer vorhergehenden Diagnostik und Therapieentscheidung voraus.

Als Sehhilfen zur Verbesserung der Sehschärfe sind verordnungsfähig:

- Brillengläser
- Kontaktlinsen
- vergrößernde Sehhilfen

In erster Linie kommt die Verordnung von Brillengläsern gleichen Brillenglastyps in Betracht. Die Regelversorgung stellen mineralische Brillengläser dar. Kunststoffbrillengläser, Kontaktlinsen und vergrößernde Sehhilfen dürfen nur in medizinisch zwingend erforderlichen Ausnahmefällen verordnet werden.

Ein erneuter Anspruch auf Versorgung mit Sehhilfen besteht für Versicherte, die das 14. Lebensjahr vollendet haben, nur bei einer Änderung der Sehfähigkeit um mindestens 0,5 Dioptrien; für medizinisch zwingend erforderliche Fälle kann der Gemeinsame Bundesausschuss in den Hilfsmittel-Richtlinien Ausnahmen zulassen.

Kontaktlinsen

Anspruch auf Versorgung mit Kontaktlinsen besteht nur in medizinisch zwingend erforderlichen Ausnahmefällen.

Verordnungsfähig sind ausschließlich Einstärken-Kontaktlinsen. Formstabile Kontaktlinsen stellen die Regelversorgung dar.

Hörhilfen

Hörhilfen sind:

- Hörgeräte (Luftleitungsgeräte und Knochenleitungsgeräte) und Zubehör
- Tinnitusgeräte (dazu zählen auch kombinierte Tinnitusgeräte/ Hörgeräte, sog. Tinnitusinstrumente)
- Übertragungsanlagen

Bei auditiver Kommunikationsbehinderung aufgrund peripherer Hörstörung kann nach Abklärung von medikamentöser und operativer Behandlungsmöglichkeit die Verordnung von Hörgeräten angezeigt sein. Wird die von den Versicherten angegebene Behinderung durch ärztliche Untersuchung bestätigt, ist zu prüfen, ob sie durch Hörgeräte weitgehend ausgeglichen werden kann und ein wesentlicher funktionaler Gebrauchsvorteil erreicht wird.

Besonderheiten gibt es auch bei der Versorgung im Kindesalter. So ist bei Kindern unter besonderen Umständen eine Hörgeräte-Versorgung schon bei geringgradiger Schwerhörigkeit erforderlich, beispielsweise wenn das Sprachverständnis bei Störgeräuschen in der Umgebung deutlich eingeschränkt ist. Eine Hörgeräte-Versorgung ist bei Kindern auch dann vorzunehmen, wenn keine oder nur geringe Hörreste feststellbar sind. Selbst wenn jegliche Hörreste fehlen, soll die Versorgung als Therapieversuch erfolgen.

Wichtig: Die Wiederverordnung von Hörgeräten vor Ablauf von fünf Jahren bei Kindern und Jugendlichen bis zur Vollendung des 18. Lebensjahrs sowie vor Ablauf von sechs Jahren bei Erwachsenen bedarf einer besonderen Begründung. Ein medizinischer Grund kann z. B. die fortschreitende Hörverschlechterung sein. Technische Gründe ergeben sich aus dem Gerätezustandsbericht.

Körperersatzstücke

Mithilfe von Körperersatzstücken wird ein von Geburt an nicht vorhandener oder ein verloren gegangener Körperteil ersetzt (z. B. Arm- und Beinprothese). Beim Fehlen von Körperteilen sind in jedem Fall die

Voraussetzungen für die Gewährung von Hilfsmitteln erfüllt, sofern ein Ersatz medizinisch erforderlich und technisch möglich ist.

Orthopädische Hilfsmittel

Orthopädische Hilfsmittel sind dazu bestimmt, den Zwecken der orthopädischen Behandlung zu dienen, um die Behandlung zu fördern oder den Behandlungserfolg zu sichern oder zu stabilisieren. Orthopädische Hilfsmittel müssen demnach noch vorhandene, aber fehlgebildete Körperteile in ihre natürliche Lage oder Form bringen oder sie in ihrer Funktion stützen oder unterstützen. Als orthopädische Hilfsmittel kommen beispielsweise Schuhe, Orthesen sowie Stützvorrichtungen jeder Art in Betracht.

> ***Praxis-Tipp:***
>
> *In vielen Fällen veranlassen die Krankenkassen eine Begutachtung durch den Medizinischen Dienst. Dieser hat die Versicherten zu beraten und mit den orthopädischen Versorgungsstellen zusammenzuarbeiten. Achten Sie hier besonders darauf, dass entsprechende Begründungen Ihres behandelnden Arztes (Orthopäden) vorliegen.*
>
> *Gegen Entscheidungen der Krankenkassen über die Ablehnung von Hilfsmitteln können Sie Widerspruch und Klage vor dem Sozialgericht erheben.*

Zuzahlung bei Hilfsmitteln in der Krankenversicherung

Versicherte, die das 18. Lebensjahr vollendet haben, leisten zu jedem zulasten der gesetzlichen Krankenversicherung abgegebenen Hilfsmittel als Zuzahlung

- zehn Prozent des Abgabepreises,
- mindestens fünf Euro und höchstens zehn Euro,
- allerdings nicht mehr als die Kosten des Mittels

zu dem von der Krankenkasse zu übernehmenden Betrag an die abgebende Stelle. Die Zuzahlung bei zum Verbrauch bestimmten Hilfsmitteln beträgt zehn Prozent des insgesamt von der Krankenkasse zu übernehmenden Betrags, jedoch höchstens zehn Euro für den gesamten Monatsbedarf.

Digitale Gesundheitsanwendungen

Digitale Gesundheitsanwendungen im Rahmen der Rehabilitation sind speziell in § 47a SGB IX seit dem 10.06.2021 geregelt. Nach den Gesetzesmaterialien soll die zuvor kaum gebräuchliche Nutzung moderner digitaler Gesundheitsanwendung im Bereich der medizinischen Rehabilitation durch die ausdrückliche Aufnahme solcher Maßnahmen im Leistungskatalog zu einer Ergänzung und Vervollständigung der Rehabilitation für die Leistungsberechtigten insgesamt führen. Hiervon nicht erfasst sind umfangreiche Hardwareausstattungen. Die digitale Gesundheitsanwendung soll als digitaler Helfer auf mobilen Endgeräten dienen oder auch als browserbasierte Webanwendung ermöglicht werden. Abzugrenzen hiervon sind – ähnlich wie bei den Hilfsmitteln – die Nutzung von Daten, die der Anwendung etwa von Alltagsgegenständen des täglichen Lebens dienen, wie z. B. beim Einsatz von reinen Fitnessarmbändern. Eine digital gesteuerte GPS-Armbanduhr zur Hilfestellung bei desorientierten Menschen mit Behinderung ist im Rahmen der medizinischen Rehabilitation zur Stärkung der persönlichen Bewegungsfreiheit als Hilfsmittel der gesetzlichen Krankenversicherung nach § 33 Abs. 1 Satz 1 Var. 3 SGB V anerkannt worden.

Belastungserprobung und Arbeitstherapie

Die medizinische Rehabilitation umfasst nach § 42 Abs. 2 Nr. 7 SGB IX auch eine Belastungserprobung und eine Arbeitstherapie. Die Belastungserprobung im Rahmen einer medizinischen Rehabilitation dient der Ermittlung der verbliebenen gesundheitlichen Leistungsfähigkeit einer Person. Sie soll mittels einer Bestandsaufnahme der psychischen und physischen Leistungsfähigkeit klären, zu welchen Leistungen der Betroffene unter den spezifischen Anforderungen seines Arbeitsverhältnisses (Erfüllung arbeitsvertraglicher Verpflichtungen) in der Lage ist. Hierdurch sollen die beruflichen Eingliederungschancen und die Dauer der Belastbarkeit auf Dauer im Berufsleben abgeklärt werden. Die Ergebnisse der Erprobungsmaßnahme bilden die Grundlage für die Auswahl der im Einzelfall noch erforderlichen Therapien. Wenn kein Arbeitsverhältnis besteht, soll die Belastungserprobung die Belastbarkeit der betroffenen Person unter beruflichen Bedingungen ermitteln. Ggf. erfolgt die Klärung der Belastbarkeit im Zusammenspiel mit den Integrationsfachdiensten nach den §§ 192 ff. SGB IX.

Die Arbeitstherapie dient der Verbesserung und Belastbarkeit der betroffenen Person. Sie soll unter möglichst realitätsnahen Arbeits-

bedingungen sowohl Grundfertigkeiten wie beispielsweise Hand- und Fingerfertigkeiten als auch Grundfähigkeiten wie beispielsweise Ausdauer- und Konzentrationsfähigkeit trainieren, die für eine berufliche Wiedereingliederung erforderlich sind. Auch Arbeitsqualität und Arbeitsquantität sind wichtige Faktoren der Arbeitstherapie.

Medizinische, psychologische und pädagogische Hilfen

Nach § 42 Abs. 3 Satz 1 SGB IX sind Bestandteile der o. g. Leistungen auch medizinische, psychologische und pädagogische Hilfen, soweit diese Leistungen im Einzelfall erforderlich sind, um die Ziele der Rehabilitation zu erreichen. Solche Leistungen sind insbesondere

- Hilfen zur Unterstützung bei der Krankheits- und Behinderungsverarbeitung,
- Hilfen zur Aktivierung von Selbsthilfepotenzialen,
- die Information und Beratung von Partnern und Angehörigen sowie von Vorgesetzten und Kollegen, wenn die Leistungsberechtigten dem zustimmen,
- die Vermittlung von Kontakten zu örtlichen Selbsthilfe- und Beratungsmöglichkeiten,
- Hilfen zur seelischen Stabilisierung und zur Förderung der sozialen Kompetenz, u. a. durch Training sozialer und kommunikativer Fähigkeiten und im Umgang mit Krisensituationen,
- das Training lebenspraktischer Fähigkeiten sowie
- die Anleitung und Motivation zur Inanspruchnahme von Leistungen der medizinischen Rehabilitation.

Eine psychosoziale Einschaltung dient vor allem der Erhaltung und Förderung alltagspraktischer, kognitiver und sozialer Fertigkeiten sowie der Unterstützung erkrankter Menschen bei der psychischen Bewältigung. Der Schwerpunkt der Leistungen besteht darin, Eigenverantwortlichkeit und Selbstbestimmung zu fördern. Ist für den Erfolg der Leistung eine Unterbringung außerhalb des eigenen oder des elterlichen Haushalts wegen der Art oder Schwere der Behinderung oder zur Sicherung des Erfolgs der Teilhabe notwendig, so können auch die erforderlichen Kosten für Unterkunft und Verpflegung übernommen werden.

Medizinische Rehabilitation für Mütter und Väter

Versicherte haben unter bestimmten Voraussetzungen Anspruch auf aus medizinischen Gründen erforderliche Rehabilitationsleistungen in einer Einrichtung des Müttergenesungswerks oder einer gleichartigen Einrichtung; die Leistung kann in Form einer Mutter-Kind-Maßnahme erbracht werden (§ 41 SGB V).

Dies gilt auch für Vater-Kind-Maßnahmen in dafür geeigneten Einrichtungen. Rehabilitationsleistungen werden in Einrichtungen erbracht, mit denen ein Versorgungsvertrag nach § 111a SGB V besteht.

Die medizinische Notwendigkeit und Voraussetzung für eine stationäre Rehabilitationsmaßnahme liegen vor, wenn diese einem der folgenden Ziele dienen:

- Erkennung, Heilung, Verhütung der Verschlimmerung einer Krankheit oder Linderung von Krankheitsbeschwerden
- Vorbeugung gegen eine drohende Behinderung, Beseitigung oder Besserung einer Behinderung oder Verhütung der Verschlimmerung einer Behinderung
- Vorbeugung gegen drohende Pflegebedürftigkeit, Beseitigung oder Besserung von Pflegebedürftigkeit oder Verhütung der Verschlimmerung von Pflegebedürftigkeit

In medizinischer Hinsicht wird auf das Vorliegen von Krankheitserscheinungen beim Antragsteller abgestellt. Die Rehabilitationsmaßnahme des § 41 SGB V als Komplexleistung muss notwendig sein, um eine von den besonderen Belastungen der funktionellen Elternschaft herrührende Krankheit zu erkennen, zu heilen, ihre Verschlimmerung zu verhüten oder Krankheitsbeschwerden zu lindern.

Da die Maßnahmen des § 41 SGB V nicht der Akutbehandlung dienen, sondern rehabilitativen Charakter haben, sind auch die Behandlungsziele der Verhinderung/Vermeidung einer Behinderung oder Pflegebedürftigkeit mit einzubeziehen.

Danach haben Versicherte Anspruch auf Leistungen zur medizinischen Rehabilitation, die notwendig sind, um eine Behinderung oder Pflegebedürftigkeit abzuwenden, zu beseitigen, zu mindern, auszugleichen, ihre Verschlimmerung zu verhüten oder ihre Folgen zu mildern.

Die medizinische Erforderlichkeit hat die Krankenkasse durch den Medizinischen Dienst prüfen zu lassen (§ 275 Abs. 2 Nr. 1 SGB V). Sie fehlt insbesondere dann, wenn eine ambulante Krankenbehandlung ausreicht; ein Vorrang ambulanter Rehabilitationsmaßnahmen besteht jedoch bei den Leistungen des § 41 SGB V nicht. Leistungen zur medizinischen Rehabilitation für Mütter und Väter werden stets in stationärer Form erbracht.

> ***Praxis-Tipp:***
>
> *Die Krankenkasse darf Ihren Antrag auf eine medizinische Rehabilitation nur in Stichproben durch den Medizinischen Dienst prüfen lassen. Näheres zu den Inhalten der Stichproben können Sie der Rehabilitations-Richtlinie entnehmen.*

Mutter-Kind-Maßnahmen bzw. Vater-Kind-Maßnahmen können auch in Betracht kommen, wenn das Kind behandlungsbedürftig ist, während der Maßnahme auch entsprechend behandelt werden kann und die Mitaufnahme des Begleitkindes den Zweck der Maßnahme nicht gefährdet.

Daneben kann eine solche Maßnahme auch gewährt werden, wenn die Beziehung zwischen dem die Maßnahme in Anspruch nehmenden Elternteil und dem Kind belastet ist und verbessert werden soll oder wenn eine Trennung des Kindes von dem die Maßnahme in Anspruch nehmenden Elternteil gesundheitsgefährdend oder unzumutbar ist oder das Kind nicht anderweitig betreut und versorgt werden kann.

Voraussetzung dürfte auch insoweit sein, dass die Mitaufnahme des Begleitkindes den Zweck der Maßnahme nicht gefährdet. Die Mitaufnahme eines oder mehrerer Begleitkinder in die Einrichtung ist eine Zusatzleistung zur medizinischen Rehabilitation um der Mutter bzw. des Vaters willen, Mittel zum Zweck, nicht aber Selbstzweck im Sinne einer eigenständigen, den Kindern gewährten Leistung. Diese spezifische Begleitpersonen-Regelung soll der Mutter/dem Vater den Zugang zu den medizinischen Rehabilitationsleistungen ermöglichen oder ihre Entscheidung dafür erleichtern. Sie hilft, familiäre Hemmnisse aufgrund der Kinderbetreuung zu überwinden, die einer Teilnahme des betroffenen Elternteils an der stationären Rehabilitationsleistung entgegenstehen. Hierzu begründet sie geeignete soziale Rahmenbedingungen für die Teilnahme des Elternteils an der Maßnahme. Dementsprechend erfordert die Einbeziehung der Kinder keine weitergehende Prüfung der sozialen Situation im Einzelfall, sondern lediglich die Abklärung, dass die Mitnahme der Kinder den Maßnahmezweck nicht gefährdet. Um den Zweck der medizinischen Rehabilitationsleistung für alle betroffenen Versicherten erreichbar zu machen, ist der Zugang zu dieser Leistung auch dann zu gewähren, wenn die Kinder nicht in der gesetzlichen Krankenversicherung versichert sind.

Zwischen den Formen der Rehabilitationsleistungen nach § 40 und § 41 SGB V gibt es rechtlich keine Vor- oder Nachrangigkeit. Welcher Form der Rehabilitationsleistungen der Vorzug zu geben ist, bestimmt sich im Einzelfall danach, welches Angebot an Rehabilitationsleistungen aus medizinischer Sicht inhaltlich dem Rehabilitationsbedarf der Mutter/des Vaters am besten entspricht. Bei ihrer Entscheidung über die geeignete Form der Rehabilitationsleistung hat die Krankenkasse insbesondere auch die in § 33 SGB I festgelegten Grundsätze zu berücksichtigen.

Leistungsinhalt

Der Leistungsinhalt entspricht den Leistungen zur Rehabilitation, wie sie insbesondere das Müttergenesungswerk oder gleichartige Einrichtungen für die Erhaltung der Gesundheit von Frauen oder Männern aus Familien mit Kindern entwickelt hat. Die Leistung kann auch in Form einer Mutter-Kind-Kur oder Vater-Kind-Kur erbracht werden.

Die Leistungen zur medizinischen Rehabilitation in Einrichtungen des Müttergenesungswerkes oder gleichartigen Einrichtungen beinhalten ein indikationsbezogenes Angebot an Kurmitteln, gesundheitspädagogischen Maßnahmen sowie Unterkunft und Verpflegung.

Voraussetzung ist, dass mit der Einrichtung ein Versorgungsvertrag nach § 111a SGB V besteht. Im Übrigen gelten die gleichen Voraussetzungen wie für die sonstigen Vorsorge- und Rehabilitationseinrichtungen.

Als Grundlage für die nach § 111a SGB V abzuschließenden Verträge haben die Spitzenverbände der Krankenkassen gemeinsam und einheitlich unter Beteiligung des Medizinischen Dienstes der Spitzenverbände der Krankenkassen, der Elly-Heuss-Knapp-Stiftung, des Deutschen Müttergenesungswerks (MGW) und des Bundesverbandes Deutscher Privatkrankenanstalten e.V. (BDPK) mit Wirkung zum 01.08.2003 ein bundeseinheitliches „Anforderungsprofil für stationäre Rehabilitationseinrichtungen nach § 111a SGB V, die Leistungen zur medizinischen Rehabilitation nach § 41 SGB V erbringen", vereinbart. Im Falle der Selbstbeschaffung durch die Versicherten gilt im Rahmen der medizinischen Rehabilitation § 18 SGB IX, vgl. vorherige Ausführungen.

Wichtig: Versicherte haben daher nicht die Möglichkeit, gegen Tragen von Mehrkosten eine Einrichtung zu wählen, mit der kein Versorgungsvertrag besteht; ihr Wunsch- und Wahlrecht nach § 8 SGB IX beschränkt sich auf die Vertragseinrichtungen.
Auch die stationäre Rehabilitation für Mütter und Väter verpflichtet die Rehabilitationseinrichtungen zu einem Entlassmanagement für ihre Patienten.

Entlassmanagement

Das Entlassmanagement ist seit 01.10.2017 in einem Rahmenvertrag über ein Entlassmanagement beim Übergang in die Versorgung nach Krankenhausbehandlung geregelt. Wesentliches Merkmal ist, dass die Krankenhäuser für bestimmte Ärzte eine Krankenversicherungsnummer beantragen können, diese Ärzte müssen eine Facharztweiterbildung besitzen und dürfen Verordnungen über Arbeitsunfähigkeit bis zu einer Woche, Heilmittel- und Arzneimittelverordnungen (Verordnungszeitraum sieben Kalendertage und max. N1-Packung, ggf. kleiner) ausstellen. Wesentlich für die Durchführung des Entlassmanagements ist die schriftliche Zustimmung des Versicherten.

Der Versicherte hat gegenüber der Krankenkasse einen Anspruch auf Unterstützung beim Entlassmanagement. Soweit Hilfen durch die Pflegeversicherung in Betracht kommen, kooperieren Kranken- und Pflegekassen miteinander.

Mit dem „Gesetz zur Stärkung von intensivpflegerischer Versorgung und medizinischer Rehabilitation in der gesetzlichen Krankenversicherung“ vom 23.10.2020 wurde eingeführt, dass zur Krankenhausbehandlung auch eine qualifizierte ärztliche Einschätzung des Beatmungsstatus im Laufe der Behandlung und vor der Verlegung oder Entlassung von Beatmungspatienten gehört.

Wichtig: Zu beachten ist die Subsidiarität der Zuständigkeit der Krankenkassen, d. h. die Krankenkasse ist nur zuständig, wenn kein anderer Leistungsträger (z. B. Renten- oder Unfallversicherung) für die Reha zuständig ist. Dies gilt auch, obwohl das SGB VI eine vergleichbare Sonderform der medizinischen Rehabilitation nicht ausdrücklich regelt. Aufgrund eines Anspruchs von Müttern und Vätern nach den allgemeinen Regelungen der §§ 9 Abs. 1, 15 Abs. 1 SGB VI insbesondere gegenüber dem Träger der gesetzlichen Rentenversicherung kann dies jedoch von Bedeutung sein.

Leistungsintervalle

Rehabilitationsleistungen für Mütter und Väter sowie Mutter/Vater-Kind-Maßnahmen können nicht vor Ablauf von vier Jahren nach Durchführung solcher oder ähnlicher Leistungen erbracht werden, deren Kosten aufgrund öffentlich-rechtlicher Vorschriften getragen oder bezuschusst worden sind, es sei denn, eine vorzeitige Leistung ist aus medizinischen Gründen dringend erforderlich.

Ambulante Rehabilitationsmaßnahmen in Wohnortnähe, die teilweise auf der Grundlage des § 40 Abs. 1 SGB V bzw. § 43 SGB V oder als Modellversuch nach § 63 SGB V gewährt wurden, sind hingegen bei der Prüfung anzurechnen.

Leistungsdauer

Die Dauer richtet sich im Einzelfall grundsätzlich nach der individuellen medizinischen Notwendigkeit. Als Regeldauer von Rehabilitationsleistungen für Mütter und Väter sowie Mutter/Vater-Kind-Maßnahmen gilt die Dauer von längstens drei Wochen. Eine Verlängerung ist möglich, wenn die Verlängerung aus medizinischen Gründen dringend erforderlich ist.

Leitlinien zur indikationsspezifischen Regeldauer

Anstelle der gesetzlich vorgeschriebenen Regeldauer von drei Wochen können die Spitzenverbände der Krankenkassen gemeinsam und einheitlich in Leitlinien indikationsspezifische Regeldauern festlegen. Von dieser Regeldauer kann die Krankenkasse bei der Bewilligung von Rehabilitationsleistungen für Mütter und Väter sowie Mutter/Vater-Kind-Maßnahmen nur abweichen, wenn dies aus medizinischen Gründen im Einzelfall dringend erforderlich ist.

Zuzahlung

Die Höhe der Zuzahlungen bei Leistungen der medizinischen Rehabilitation für Mütter und Väter, die das 18. Lebensjahr vollendet haben, wird in § 61 Satz 2 SGB V geregelt. Die Zuzahlung beträgt zehn Euro kalendertäglich. Bei Berechnung der Zuzahlung sind der An- und Abreisetag als je ein Kalendertag zu rechnen.

Beispiel:

Dauer der Leistung:	03.01.2022 bis 24.01.2022
Anzahl der Kalendertage:	22
Höhe der Zuzahlung:	22 × 10 Euro = 220 Euro

4.

Finanzielle Unterstützung während der Reha

Übernahme von Reisekosten

Während Rehabilitanden an einer medizinischen Rehabilitationsmaßnahme teilnehmen, ist es natürlich für sie auch wichtig zu wissen, ob sie Einkommenseinbußen haben, welche finanziellen Ansprüche ihnen während dieser Zeit zustehen und ob ggf. die entstandenen Fahrt- und Reisekosten zur Rehabilitationsmaßnahme und wieder nach Hause durch den jeweiligen Rehabilitationsträger übernommen werden.

4 Nach § 73 SGB IX erhalten Rehabilitanden während der Rehabilitationsmaßnahme unter gewissen Umständen auch die erforderlichen Reisekosten vom jeweils zuständigen Rehabilitationsträger erstattet. Zuständig ist der Träger der Rehabilitation, welcher auch für die Hauptleistung (die Rehabilitation) zuständig ist.

Als Reisekosten werden die erforderlichen Fahr-, Verpflegungs- und Übernachtungskosten übernommen, die im Zusammenhang mit der Ausführung einer Leistung zur medizinischen Rehabilitation stehen. Zu den Reisekosten gehören auch die Kosten

- für besondere Beförderungsmittel, deren Inanspruchnahme wegen der Art oder Schwere der Behinderung erforderlich ist,
- für eine wegen der Behinderung erforderliche Begleitperson einschließlich des für die Zeit der Begleitung entstehenden Verdienstausfalls,
- für Kinder, deren Mitnahme an den Rehabilitationsort erforderlich ist, weil ihre anderweitige Betreuung nicht sichergestellt ist, sowie
- für den erforderlichen Gepäcktransport.

Während der Ausführung von Leistungen zur Teilhabe am Arbeitsleben werden im Regelfall auch Reisekosten für zwei Familienheimfahrten je Monat übernommen. Anstelle der Kosten für die Familienheimfahrten können für Fahrten von Angehörigen vom Wohnort zum Aufenthaltsort der Leistungsempfänger und zurück Reisekosten übernommen werden.

Reisekosten analog der o. g. Regelungen für Leistungen zur Teilhabe werden auch im Zusammenhang mit Leistungen zur medizinischen Rehabilitation übernommen, wenn die Leistungen länger als acht Wochen erbracht werden.

Fahrkosten werden in Höhe des Betrags zugrunde gelegt, der bei Benutzung eines regelmäßig verkehrenden öffentlichen Verkehrsmittels der niedrigsten Beförderungsklasse des zweckmäßigsten öffentlichen Verkehrsmittels zu zahlen ist, bei Benutzung sonstiger Verkehrsmittel in Höhe der Wegstreckenentschädigung nach § 5 Abs. 1 BRKG. Bei Fahrpreiserhöhungen, die nicht geringfügig sind, hat auf Antrag des Leistungsempfängers eine Anpassung der Fahrkostenentschädigung zu erfolgen, wenn die Maßnahme noch mindestens zwei weitere Monate andauert. Kosten für Pendelfahrten können nur bis zur Höhe des Betrags übernommen werden, der unter Berücksichtigung von Art und Schwere der Behinderung bei einer zumutbaren auswärtigen Unterbringung für Unterbringung und Verpflegung zu leisten wäre.

Bei der Benutzung eines Bahntickets werden die Kosten in Höhe des Bahntarifs der 2. Klasse einschließlich der Zuschläge für ICE, IC übernommen.

Wichtig: Versicherte sind verpflichtet, mögliche Fahrpreisvergünstigungen in Anspruch zu nehmen.

Ist behinderungsbedingt die Benutzung eines regelmäßig verkehrenden Beförderungsmittels oder eines Kraftfahrzeugs nicht möglich oder nicht zumutbar, können dem Versicherte auch die Kosten für die Inanspruchnahme eines besonderen angemessenen Beförderungsmittels (z. B. Mietwagen oder Krankentransportfahrzeug) erstattet werden. Dieses kommt z. B. in Betracht, wenn er sich nicht aus dem Rollstuhl auf einen Autositz umsetzen kann und daher ein spezielles Fahrzeug zur Beförderung benötigt. Die Frage der Angemessenheit richtet sich nach den Umständen des Einzelfalls und ist ggf. durch eine ärztliche Bescheinigung nachzuweisen.

Praxis-Tipp:

Die Höhe der zu übernehmenden Kosten für eine Fahrt mit dem Kraftfahrzeug richtet sich nach dem Bundesreisekostengesetz (BRKG). Hiernach wird jeder mit dem Pkw gefahrene Kilometer mit 0,20 Euro entschädigt, in der Regel bis zu 130 Euro für die gesamte Wegstrecke. In Ausnahmefällen kann ein höherer Betrag angesetzt werden. Die oberste Bundesbehörde kann den Höchstbetrag auf 150 Euro festsetzen, wenn dies im Einzelfall oder allgemein erforderlich ist.

Wichtig: Versicherte sollten sich vor Antritt der Rehabilitationsmaßnahme mit dem zuständigen Kostenträger in Verbindung setzen, um die Formalitäten und Voraussetzungen einer möglichen Erstattung von Reisekosten abzuklären.

Zuzahlung

Bei den Fahrkosten, die im Zusammenhang mit einer medizinischen Rehabilitation stehen, fallen für Leistungsempfänger keine Zuzahlungen an. Die Kosten werden vom jeweils zuständigen Rehabilitationsträger in voller Höhe übernommen.

Haushalts- oder Betriebshilfe und Kinderbetreuungskosten

Die Haushaltshilfe nach § 74 SGB IX wird geleistet, wenn

- den Leistungsempfängern wegen der Ausführung einer Leistung zur medizinischen Rehabilitation die Weiterführung des Haushalts nicht möglich ist,
- eine andere im Haushalt lebende Person den Haushalt nicht weiterführen kann und
- im Haushalt ein Kind lebt, das bei Beginn der Haushaltshilfe noch nicht zwölf Jahre alt ist oder wenn das Kind eine Behinderung hat und auf Hilfe angewiesen ist.

Die Regelungen zur Kostenübernahme, wenn die Haushaltshilfe von Verwandten oder Verschwägerten bis zum zweiten Grad übernommen wird, gelten entsprechend den Vorschriften der Krankenversicherung.

Praxis-Tipp:

Beantragen Sie die Haushaltshilfe rechtzeitig, d. h. unbedingt vor Beginn Ihrer Rehabilitationsmaßnahme. Die entsprechenden Antragsformulare der

> *Kostenträger können Sie auf den Internetseiten herunterladen. Fügen Sie dem Antrag auch ein ärztliches Zeugnis der Notwendigkeit der Haushaltshilfe bei.*

Voraussetzungen der Haushaltshilfe

Wie oben genannt, ist Voraussetzung für die Leistung einer Haushaltshilfe, dass im Haushalt ein Kind lebt, das bei Beginn der Haushaltshilfe das zwölfte Lebensjahr noch nicht vollendet hat oder das behindert und auf Hilfe angewiesen ist. Als Kind in diesem Sinne kommt nicht nur ein familienversichertes Kind, sondern jedes gewöhnlich im Haushalt lebende Kind in Betracht. Dabei spielt es keine Rolle, ob das Kind ein Familienangehöriger des Versicherten bzw. seines Ehegatten ist. 4

Der Anspruch auf Haushaltshilfe besteht außerdem nur, soweit eine im Haushalt lebende Person den Haushalt nicht weiterführen kann.

Anspruch auf Haushaltshilfe besteht insoweit, als der Versicherte den Haushalt selbst geführt hat.

Wichtig: Der Anspruch ist demnach ausgeschlossen, wenn die wesentlichen Haushaltsarbeiten einschließlich Beaufsichtigung und Betreuung der Kinder durch den Ehegatten, einen anderen Angehörigen oder durch Dritte (z. B. eine Hausangestellte) verrichtet wurden. Kann die Haushaltshilfe ganz oder teilweise von einer im eigenen Haushalt des Versicherten oder im Familienhaushalt wohnenden Person durchgeführt werden, entfällt insoweit die Leistungspflicht der Krankenkasse.

Ist die Krankenversicherung der Rehabilitationsträger, erhalten Versicherte darüber hinaus, soweit keine Pflegebedürftigkeit mit Pflegegrad 2, 3, 4 oder 5 vorliegt, auch dann Haushaltshilfe, wenn ihnen die Weiterführung des Haushalts wegen schwerer Krankheit oder wegen akuter Verschlimmerung einer Krankheit nicht möglich ist, insbesondere nach

- einem Krankenhausaufenthalt,
- einer ambulanten Operation oder
- einer ambulanten Krankenhausbehandlung,

längstens jedoch für die Dauer von vier Wochen. Wenn im Haushalt ein Kind lebt, das bei Beginn der Haushaltshilfe das zwölfte Lebensjahr noch nicht vollendet hat oder das behindert und auf Hilfe angewiesen ist, verlängert sich der Anspruch auf längstens 26 Wochen.

Die Pflegebedürftigkeit von Versicherten schließt Haushaltshilfe zur Versorgung des Kindes nicht aus.

Die Satzung kann bestimmen, dass die Krankenkasse auch in anderen Fällen Haushaltshilfe erbringt, wenn Versicherten wegen Krankheit nicht möglich ist, den Haushalt weiterzuführen. Sie kann dabei von § 38 Abs. 1 Satz 2 bis 4 SGB V abweichen sowie Umfang und Dauer der Leistung bestimmen.

> ***Praxis-Tipp:***
>
> *Erkundigen Sie sich bei Ihrer Krankenkasse, ob auch in anderen Fällen (z. B. Hilfebedürftigkeit nach einer ambulanten Behandlung) ein Anspruch auf Haushaltshilfe in der Satzung verankert ist.*

Leistungsumfang

Der Begriff „Haushaltshilfe" wird im Gesetz nicht definiert. Aus der Tatsache, dass die Haushaltshilfe bei Ausfall der haushaltsführenden Person zur Verfügung zu stellen ist, muss aber geschlossen werden, dass die Hilfe in hauswirtschaftlichen Tätigkeiten besteht. Die Haushaltshilfe umfasst demnach die Dienstleistungen, die zur Weiterführung des Haushalts notwendig sind, z. B. Beschaffung und Zubereitung der Mahlzeiten, Pflege der Kleidung und der Wohnräume. Darüber hinaus erstreckt sie sich auf die Betreuung und Beaufsichtigung der Kinder.

Die zeitliche Begrenzung des Anspruchs auf Haushaltshilfe richtet sich nach der Hauptleistung, die die Haushaltshilfe notwendig macht. Eine Verhinderung an der Weiterführung des Haushalts kann sowohl für den Aufnahme- als auch für den Entlassungstag der Rehabilitation (ggf. auch für den Reisetag) angenommen werden.

Je nach den Verhältnissen kann es erforderlich sein, die Ersatzkraft in den Haushalt einzuweisen und mit den Besonderheiten (z. B. wegen eines im Haushalt lebenden behinderten und auf Hilfe angewiesenen

Kindes) vertraut zu machen; die hierdurch entstehenden Aufwendungen gehören zur Haushaltshilfe.

Verfahrensablauf und ggf. selbstbeschaffte Ersatzkraft

Kann die Krankenkasse keine Haushaltshilfe stellen oder besteht Grund, davon abzusehen, sind dem Versicherten die Kosten für eine selbstbeschaffte Haushaltshilfe in angemessener Höhe zu erstatten. Für Verwandte und Verschwägerte bis zum zweiten Grad werden keine Kosten erstattet; die Krankenkasse kann jedoch die erforderlichen Fahrkosten und den Verdienstausfall erstatten, wenn die Erstattung in einem angemessenen Verhältnis zu den sonst für eine Ersatzkraft entstehenden Kosten steht.

Der Sachleistungscharakter der Leistung macht es erforderlich, dass der Versicherte zunächst die Stellung einer Ersatzkraft bei der Krankenkasse beantragt bzw. der Krankenkasse die Möglichkeit gibt, eine Ersatzkraft zu stellen. Kann der Leistungsträger wegen fehlender Anstellung eigenen hierfür geeigneten Personals oder mangels vertraglicher Absprachen mit Einrichtungen eine Ersatzkraft nicht stellen oder stehen eigene oder vertraglich gebundene Ersatzkräfte nicht zur Verfügung, ist der Versicherte berechtigt, sich eine Ersatzkraft selbst zu beschaffen. Eine Kostenerstattung für eine vom Versicherten ohne vorherige Einschaltung der Krankenkasse selbst beschaffte Ersatzkraft kann grundsätzlich nicht beansprucht werden (BSG, Urteil vom 26.03.1980, 3 RK 62/79, USK 8036).

Eine Kostenerstattung für die selbstbeschaffte Ersatzkraft kommt auch in Betracht, wenn ein Grund vorliegt, von der Gestellung einer Ersatzkraft abzusehen; dieser kann beispielsweise darin liegen, dass der Versicherte Wert auf die Weiterführung des Haushalts durch eine Person seines Vertrauens legt.

Wenn eine der im Haushalt lebenden Personen den Haushalt weiterführt und zu diesem Zweck unbezahlten Urlaub nimmt, wird dies so behandelt, als wenn eine Ersatzkraft selbst beschafft wurde (vgl. BSG, Urteil vom 22. 4.1987, 8 RK 22/85, USK 8746). Erstattungsfähig ist das ausgefallene Nettoarbeitsentgelt bis zur Höhe des Betrags, den der

Leistungsträger für eine selbstbeschaffte, nicht verwandte Ersatzkraft aufzuwenden gehabt hätte.

Für die selbstbeschaffte Ersatzkraft, die mit dem Versicherten bis zum zweiten Grad verwandt oder verschwägert ist, kommt keine Kostenerstattung in Betracht.

Ist die Ersatzkraft mit dem Versicherten weder verwandt noch verschwägert, gehören grundsätzlich alle Kosten, die dem Versicherten durch die Selbstbeschaffung der Ersatzkraft entstehen, zu den erstattungsfähigen Aufwendungen. Die Aufwendungen sind in angemessener Höhe und für eine angemessene Stundenzahl je Einsatztag zu erstatten. Als angemessen werden bei einem achtstündigen Einsatz die nachgewiesenen Aufwendungen bis zu einem täglichen Höchstbetrag von 2,5 Prozent der sich aus § 18 SGB IV ergebenden monatlichen Bezugsgröße, auf- oder abgerundet auf den nächsten geraden Euro-Betrag (2022: 82 Euro), angesehen.

Bei einem weniger oder mehr als acht Stunden täglich umfassenden Einsatz der Ersatzkraft ist als Höchstbetrag je Stunde ein Betrag von einem Achtel des täglichen Höchstbetrages zugrunde zu legen. Bei der angemessenen Zahl der Einsatzstunden sind die Umstände des Einzelfalls zu berücksichtigen (BSG, Urteil vom 28.1.1977, 5 RKn 32/76, USK 7725), so z. B. Anzahl und Alter der Kinder, Gesundheitszustand und Alter des Versicherten. Das kann dazu führen, dass die erforderliche tägliche Einsatzzeit acht Stunden übersteigt.

Hat sich der Versicherte ausnahmsweise eine Ersatzkraft von einem karitativen Verband oder einer vergleichbaren Einrichtung beschafft, weil der Leistungsträger seiner Sachleistungsverpflichtung nicht nachgekommen ist, sind die hierdurch anfallenden notwendigen Kosten auch dann zu erstatten, wenn sie im Einzelfall die hier genannten Pauschbeträge übersteigen (BSG, Urteil vom 23.4.1980, 4 RJ 11/79, USK 8096).

Soweit den bis zum zweiten Grad verwandten oder verschwägerten Ersatzkräften Kosten in Form von Verdienstausfall und Fahrkosten entstehen, erstattet die Krankenkasse die entstandenen Kosten, wenn diese nachgewiesen sind und in einem angemessenen Verhältnis zu den Kosten für eine nicht verwandte und nicht verschwägerte selbstbeschaffte Ersatzkraft stehen. Dabei sind auch die für diese Ersatzkraft vorgesehenen Höchstbeträge zu beachten.

Verwandte bis zum zweiten Grad des Versicherten sind Eltern, Kinder (einschließlich der für ehelich erklärten und der angenommenen Kinder), Großeltern, Enkelkinder und Geschwister. Verschwägerte bis zum zweiten Grad des Versicherten sind Stiefeltern, Kinder des Ehegatten/Lebenspartners, Stiefenkelkinder (Enkelkinder des Ehegatten/Lebenspartners), Eltern des Ehegatten/Lebenspartners, Schwiegerkinder (Schwiegersohn/Schwiegertochter), Schwiegerenkel (Ehegatten/Lebenspartner der Enkelkinder), Stiefgroßeltern und Schwager/Schwägerin.

Hinsichtlich der Kostenerstattung für Verwandte und Verschwägerte vom dritten Grad an gelten dieselben Regelungen wie für selbstbeschaffte nicht verwandte und nicht verschwägerte Ersatzkräfte.

Anstelle der Haushaltshilfe werden auf Antrag des Leistungsempfängers die Kosten für die Mitnahme oder für die anderweitige Unterbringung des Kindes bis zur Höhe der Kosten der sonst zu erbringenden Haushaltshilfe übernommen, wenn die Unterbringung und Betreuung des Kindes in dieser Weise sichergestellt ist (§ 74 Abs. 2 SGB IX).

Kinderbetreuungskosten nach § 74 Abs. 3 SGB IX

Anstelle der Haushaltshilfe werden auf Antrag des Leistungsempfängers die Kosten für die Mitnahme oder für die anderweitige Unterbringung des Kindes bis zur Höhe der Kosten der sonst zu erbringenden Haushaltshilfe übernommen, wenn die Unterbringung und Betreuung des Kindes in dieser Weise sichergestellt ist.

Kosten für die Kinderbetreuung des Leistungsempfängers können bis zu einem Betrag von 160 Euro je Kind und Monat übernommen werden, wenn die Kosten aufgrund einer Leistung zur medizinischen Rehabilitation unvermeidbar sind. Es werden neben den Leistungen zur Kinderbetreuung keine weiteren Leistungen erbracht. Der Betrag von 160 Euro erhöht sich entsprechend der jährlichen Veränderung der Bezugsgröße nach § 18 Abs. 1 SGB IV.

Geldleistungen während der Rehabilitation

Damit Versicherte die Rehabilitation und die damit verbundenen Ziele gut erreichen können, ist es u. a. auch sehr wichtig, dass ihre finanzielle Absicherung während der Rehabilitation gewährleistet ist. Hierzu gibt es gegenüber den verschiedenen Rehabilitationsträgern unterschiedliche Ansprüche.

4 Krankengeld

Beginn des Krankengeldanspruchs

Der Anspruch auf Krankengeld entsteht

- bei Krankenhausbehandlung oder Behandlung in einer Vorsorge- oder Rehabilitationseinrichtung (§§ 23 Abs. 4, 24, 40 Abs. 2 und 41 SGB V) von ihrem Beginn an,
- im Übrigen von dem Tag der ärztlichen Feststellung der Arbeitsunfähigkeit an.

Der Anspruch auf Krankengeld bleibt jeweils bis zu dem Tag bestehen, an dem die weitere Arbeitsunfähigkeit wegen derselben Krankheit ärztlich festgestellt wird, wenn diese ärztliche Feststellung spätestens am nächsten Werktag nach dem zuletzt bescheinigten Ende der Arbeitsunfähigkeit erfolgt; Samstage gelten insoweit nicht als Werktage. Für Versicherte, deren Mitgliedschaft alleine aufgrund des Bezugs von Krankengeld besteht und vom Bestand des Anspruchs auf Krankengeld abhängig ist, bleibt der Anspruch auf Krankengeld auch dann bestehen, wenn die weitere Arbeitsunfähigkeit wegen derselben Krankheit nicht am nächsten Werktag, aber spätestens innerhalb eines Monats nach dem zuletzt bescheinigten Ende der Arbeitsunfähigkeit ärztlich festgestellt wird.

Für die nach dem Künstlersozialversicherungsgesetz Versicherten sowie für Versicherte, die eine Wahlerklärung zum Krankengeldanspruch (hauptberuflich selbstständig Tätige) abgegeben haben, entsteht der Anspruch von der siebten Woche der Arbeitsunfähigkeit an.

Der Anspruch auf Krankengeld für die Versicherten nach dem Künstlersozialversicherungsgesetz entsteht bereits vor der siebten Woche der Arbeitsunfähigkeit zu dem von der Satzung bestimmten Zeitpunkt, spätestens jedoch mit Beginn der dritten Woche der Arbeitsunfähigkeit, wenn der Versicherte bei seiner Krankenkasse einen Wahltarif Krankengeld nach § 53 Abs. 6 SGB V gewählt hat.

Dauer des Anspruchs auf Krankengeld

Versicherte erhalten Krankengeld ohne zeitliche Begrenzung, für den Fall der Arbeitsunfähigkeit wegen derselben Krankheit jedoch für längstens 78 Wochen innerhalb von je drei Jahren, gerechnet vom Tag des Beginns der Arbeitsunfähigkeit an. Tritt während der Arbeitsunfähigkeit eine weitere Krankheit hinzu, wird die Leistungsdauer nicht verlängert.

Für Versicherte, die im letzten Dreijahreszeitraum wegen derselben Krankheit für 78 Wochen Krankengeld bezogen haben, besteht nach Beginn eines neuen Dreijahreszeitraums ein neuer Anspruch auf Krankengeld wegen derselben Krankheit, wenn sie bei Eintritt der erneuten Arbeitsunfähigkeit mit Anspruch auf Krankengeld versichert sind und in der Zwischenzeit mindestens sechs Monate

- nicht wegen dieser Krankheit arbeitsunfähig waren und
- erwerbstätig waren oder der Arbeitsvermittlung zur Verfügung standen.

Bei der Feststellung der Leistungsdauer des Krankengelds werden Zeiten, in denen der Anspruch auf Krankengeld ruht oder für die das Krankengeld versagt wird, wie Zeiten des Bezugs von Krankengeld berücksichtigt. Zeiten, für die kein Anspruch auf Krankengeld besteht, bleiben unberücksichtigt.

Wichtig: Der Anspruch auf Krankengeld ruht insbesondere, soweit und solange Versicherte laufendes Arbeitsentgelt erhalten und die Arbeitsunfähigkeit der Krankenkasse nicht gemeldet wird. Dies gilt allerdings nicht, wenn die Meldung innerhalb einer Woche nach Beginn der Arbeitsunfähigkeit erfolgt.

Für Versicherte, die

- Rente wegen voller Erwerbsminderung oder Vollrente wegen Alters aus der gesetzlichen Rentenversicherung, oder

- Ruhegehalt, das nach beamtenrechtlichen Vorschriften oder Grundsätzen gezahlt wird,

beziehen, endet ein Anspruch auf Krankengeld vom Beginn dieser Leistungen an; nach Beginn dieser Leistungen entsteht ein neuer Krankengeldanspruch nicht. Ist über den Beginn der genannten Leistungen hinaus Krankengeld gezahlt worden und übersteigt dieses den Betrag der Leistungen, kann die Krankenkasse den überschießenden Betrag vom Versicherten nicht zurückfordern.

Das Krankengeld wird um den Zahlbetrag

- der Altersrente, der Rente wegen Erwerbsminderung oder der Landabgaberente aus der Alterssicherung der Landwirte, oder
- der Rente wegen teilweiser Erwerbsminderung oder der Teilrente wegen Alters aus der gesetzlichen Rentenversicherung,

gekürzt, wenn die Leistung erst nach dem Beginn der Arbeitsunfähigkeit oder der stationären Behandlung an zuerkannt wird.

Wichtig: Die Krankenkasse hat nicht das Recht, den Versicherten aufzufordern, einen Antrag auf Erwerbsminderungsrente zu stellen. Allerdings kann sie ihn auf der Grundlage eines ärztlichen Gutachtens (in der Regel vom Medizinischen Dienst) auffordern, einen Antrag auf Leistungen zur Teilhabe mit einer Frist zehn Wochen zu stellen, wenn die Erwerbsfähigkeit erheblich gefährdet oder gemindert ist. Kommen Versicherte dieser Aufforderung nicht nach, entfällt der Anspruch auf Krankengeld mit Ablauf der Zehn-Wochen-Frist. Wird der Antrag später gestellt, lebt der Anspruch auf Krankengeld mit der Antragstellung wieder auf.

Höhe und Berechnung des Krankengelds

Das Krankengeld beträgt 70 Prozent des erzielten regelmäßigen Arbeitsentgelts und Arbeitseinkommens, soweit es der Beitragsberechnung unterliegt (Regelentgelt). Das aus dem Arbeitsentgelt berechnete Krankengeld darf 90 Prozent des Nettoarbeitsentgelts nicht übersteigen.

Das Krankengeld wird für Kalendertage gezahlt. Ist es für einen ganzen Kalendermonat zu zahlen, ist dieser mit 30 Tagen anzusetzen.

Für die Berechnung des Regelentgelts ist das von dem Versicherten im letzten vor Beginn der Arbeitsunfähigkeit abgerechneten Lohnabrechnungszeitraum, mindestens das während der letzten abgerechneten vier Wochen (Bemessungszeitraum) erzielte und um einmalig gezahltes Arbeitsentgelt verminderte Arbeitsentgelt durch die Zahl der Stunden zu teilen, für die es gezahlt wurde. Das Ergebnis ist mit der Zahl der sich aus dem Inhalt des Arbeitsverhältnisses ergebenden regelmäßigen wöchentlichen Arbeitsstunden zu vervielfachen und durch sieben zu teilen.

Beispiel:

- Brutto-Arbeitsentgelt (ohne Einmalzahlungen): 2.500,00 Euro
- Das Brutto-Arbeitsentgelt wurde in 178 Stunden erzielt.
- Die regelmäßige wöchentliche Arbeitszeit beträgt 38,5 Stunden.

Berechnung:

Das Krankengeld wird wie folgt berechnet:

(2.500,00 Euro x 38,5 Stunden) / (178 Stunden x 7) = 77,25 Euro

Das Regelentgelt (ohne Berücksichtigung von Einmalzahlungen) beträgt 77,25 Euro.

Ist das Arbeitsentgelt nach Monaten bemessen, gilt der 30. Teil des im letzten vor Beginn der Arbeitsunfähigkeit abgerechneten Kalendermonats erzielten und um einmalig gezahltes Arbeitsentgelt verminderten Arbeitsentgelts als Regelentgelt.

Beispiel:

Brutto-Arbeitsentgelt (ohne Einmalzahlungen): 2.250,00 Euro

Berechnung:

2.250,00 Euro / 30 Tage = 75,00 Euro

Das Regelentgelt (ohne Berücksichtigung von Einmalzahlungen) beträgt 75,00 Euro.

Bei dem abgerechneten Entgeltabrechnungszeitraum handelt es sich um den Zeitraum, für den der Betrieb üblicherweise die Entgeltberechnung abgeschlossen hat.

Berücksichtigung von Einmalzahlungen

Für die Berechnung des Regelentgelts ist der 360. Teil des einmalig gezahlten Arbeitsentgelts (z. B. Urlaubs- und Weihnachtsgeld), das in den letzten zwölf Kalendermonaten vor Beginn der Arbeitsunfähigkeit der Beitragsberechnung zugrunde gelegen hat, dem berechneten Arbeitsentgelt hinzuzurechnen.

Auch bei der Berechnung des Netto-Arbeitsentgelts wird einmalig gezahltes Arbeitsentgelt berücksichtigt.

> ***Praxis-Tipp:***
>
> *Achten Sie darauf, dass die Ihnen zustehenden Steuerfreibeträge in Ihrer Lohn- oder Gehaltsabrechnung berücksichtigt werden. Das erhöht Ihr Nettoeinkommen. Davon profitieren Sie beim Bezug von Krankengeld.*

Das Krankengeld ist nach § 3 Nr. 1 Buchst. a EStG steuerfrei. Versicherte erhalten automatisch nach Ablauf des Kalenderjahrs am Jahresanfang von ihrer Krankenkasse eine Bescheinigung für das Finanzamt über die erhaltenen Krankengeldzahlungen zur Vorlage bei der Steuerabrechnung.

Die Berechnungsgrundlage, die dem Krankengeld zugrunde liegt, wird jeweils nach Ablauf eines Jahres ab dem Ende des Bemessungszeitraums an die Entwicklung der Bruttoarbeitsentgelte angepasst, und zwar entsprechend der Veränderung der Bruttolöhne und -gehälter je Arbeitnehmer vom vorvergangenen zum vergangenen Kalenderjahr. Die Rechtsgrundlage ist hierfür § 70 SGB IX.

Verletztengeld

Das Verletztengeld ist eine Leistung der gesetzlichen Unfallversicherung und hat seine Rechtsgrundlage in § 45 SGB VII.

Verletztengeld wird erbracht, wenn Versicherte

- infolge eines Arbeitsunfalls oder einer Berufskrankheit arbeitsunfähig sind oder wegen einer Maßnahme der Heilbehandlung eine ganztägige Erwerbstätigkeit nicht ausüben können und

- unmittelbar vor Beginn der Arbeitsunfähigkeit oder der Heilbehandlung Anspruch auf Arbeitsentgelt, Arbeitseinkommen, Krankengeld, Pflegeunterstützungsgeld, Verletztengeld, Versorgungskrankengeld, Übergangsgeld, Unterhaltsgeld, Kurzarbeitergeld, Arbeitslosengeld, nicht nur darlehensweise gewährtes Arbeitslosengeld II oder nicht nur Leistungen für Erstausstattungen für Bekleidung bei Schwangerschaft und Geburt nach dem SGB II oder Mutterschaftsgeld hatten.

Verletztengeld wird auch erbracht, wenn

- Leistungen zur Teilhabe am Arbeitsleben erforderlich sind,
- diese Maßnahmen sich aus Gründen, die die Versicherten nicht zu vertreten haben, nicht unmittelbar an die Heilbehandlung anschließen,
- die Versicherten ihre bisherige berufliche Tätigkeit nicht wieder aufnehmen können oder ihnen eine andere zumutbare Tätigkeit nicht vermittelt werden kann oder sie diese aus wichtigem Grund nicht ausüben können und
- unmittelbar vor Beginn der Arbeitsunfähigkeit oder der Heilbehandlung Anspruch auf Arbeitsentgelt, Arbeitseinkommen, Krankengeld, Pflegeunterstützungsgeld, Verletztengeld, Versorgungskrankengeld, Übergangsgeld, Unterhaltsgeld, Kurzarbeitergeld, Arbeitslosengeld, nicht nur darlehensweise gewährtes Arbeitslosengeld II oder nicht nur Leistungen für Erstausstattungen für Bekleidung bei Schwangerschaft und Geburt nach dem SGB II oder Mutterschaftsgeld hatten.

Beginn und Ende des Verletztengeldes

Wegen der vorrangigen Lohn- oder Gehaltsfortzahlung durch den Arbeitgeber wird Verletztengeld von dem Tag an gezahlt, ab dem die Arbeitsunfähigkeit ärztlich festgestellt wird, oder mit dem Tag des Beginns einer Heilbehandlungsmaßnahme, die den Versicherten an der Ausübung einer ganztägigen Erwerbstätigkeit hindert.

Das Verletztengeld endet

- mit dem letzten Tag der Arbeitsunfähigkeit oder der Hinderung an einer ganztägigen Erwerbstätigkeit durch eine Heilbehandlungsmaßnahme, oder
- mit dem Tag, der dem Tag vorausgeht, an dem ein Anspruch auf Übergangsgeld entsteht.

Grundsätzlich endet die Leistung aber spätestens mit Ablauf der 78. Woche, es sei denn, der Versicherte befindet sich noch in stationärer Behandlung.

Höhe des Verletztengeldes

Versicherte, die Arbeitsentgelt oder Arbeitseinkommen erzielt haben, erhalten Verletztengeld entsprechend den Regelungen zum Krankengeld der gesetzlichen Krankenversicherung nach SGB V mit der Maßgabe, dass

- das Regelentgelt aus dem Gesamtbetrag des regelmäßigen Arbeitsentgelts und des Arbeitseinkommens zu berechnen und bis zu einem Betrag in Höhe des 360. Teils des Höchstjahresarbeitsverdienstes zu berücksichtigen ist, und
- das Verletztengeld 80 Prozent des Regelentgelts beträgt und das bei Anwendung der gesetzlichen Grundlagen der Krankengeldberechnung berechnete Nettoarbeitsentgelt nicht übersteigt.

Arbeitseinkommen ist bei der Ermittlung des Regelentgelts mit dem 360. Teil des im Kalenderjahr vor Beginn der Arbeitsunfähigkeit oder der Maßnahmen der Heilbehandlung erzielten Arbeitseinkommens zugrunde zu legen. Die Satzung hat bei nicht kontinuierlicher Arbeitsverrichtung und -vergütung abweichende Bestimmungen zur Zahlung und Berechnung des Verletztengeldes vorzusehen, die sicherstellen, dass das Verletztengeld seine Entgeltersatzfunktion erfüllt.

Übergangsgeld

Übergangsgeld überbrückt einkommenslose Zeiten während der Teilnahme an Maßnahmen zur Prävention, Rehabilitation (medizinisch, beruflich), Nachsorge und/oder zur Teilhabe von Menschen mit Behinderungen. Es wird nur gezahlt, wenn kein Anspruch (mehr) auf Entgeltfortzahlung besteht. Die Höhe ist unterschiedlich und richtet sich nach dem vorhergehenden Einkommen. Als Richtwert können zwei Drittel vom Nettoeinkommen angenommen werden.

Kostenträger für Übergangsgeld

Folgende Kostenträger können für das Übergangsgeld zuständig sein:

- Rentenversicherungsträger
- Unfallversicherungsträger
- Agentur für Arbeit
- Träger der sozialen Entschädigung

Übergangsgeld gehört zu den sog. „ergänzenden Leistungen“. Welcher Träger für die Zahlung zuständig ist, hängt davon ab, wer die Hauptleistung der Rehabilitationsmaßnahme erbringt.

> ***Praxis-Tipp:***
>
> *Informieren Sie sich vor Beginn der Rehabilitationsmaßnahme über die entsprechenden Voraussetzungen Ihres zuständigen Leistungsträgers zur Zahlung von Übergangsgeld. Die notwendigen Formulare können Sie in vielen Fällen direkt beim Leistungsträger anfordern oder auf der Webseite des zuständigen Rehabilitationsträgers downloaden.*

Voraussetzungen für den Bezug von Übergangsgeld

Bei allen Kostenträgern gilt:

- Übergangsgeld ist eine sog. Lohnersatzleistung, d. h. es wird nur dann gezahlt, wenn im Krankheitsfall kein Anspruch (mehr) auf Entgeltfortzahlung durch den Betrieb besteht, also in der Regel nach sechs Wochen.
- Übergangsgeld muss beantragt werden.

Dauer des Anspruchs auf Übergangsgeld

Der Anspruch auf Übergangsgeld besteht für die Dauer der Rehabilitationsmaßnahme. Ein voller Monat wird immer mit 30 Zahltagen betrachtet.

Versorgungskrankengeld

Das Versorgungskrankengeld steht während einer Heilbehandlung oder Krankenbehandlung nach dem Bundesversorgungsgesetz (BVG) zu, solange Arbeitsunfähigkeit vorliegt. Es beträgt 80 Prozent des Regellohns und darf das entgangene regelmäßige Nettoarbeitsentgelt nicht übersteigen. Die Rechtsgrundlagen lassen sich in §§ 16 bis 16h BVG nachlesen.

Anspruch auf Versorgungskrankengeld haben gesundheitlich geschädigte Personen der Bundeswehr und der Bundespolizei. Die Schädigung muss aber auf die jeweilige dienstbezogene Tätigkeit bzw. einen Unfall während der Ausübung des Dienstes zurückzuführen sein.

Ausbildungsgeld

Das Ausbildungsgeld ist eine unterhaltssichernde Leistung und wird bei der Bundesagentur für Arbeit beantragt. Ausbildungsgeld wird als besondere Leistung zur Förderung der beruflichen Eingliederung von Menschen mit Behinderungen (§ 118 Satz 1 Nr. 2 SGB III) nachrangig erbracht, wenn Übergangsgeld (§§ 119 ff. SGB III) nicht gezahlt werden kann.

Mit Menschen mit Behinderungen sind Rehabilitanden im Sinne des § 19 SGB III gemeint, für die die Bundesagentur für Arbeit der zuständige Rehabilitationsträger ist.

Voraussetzungen

Zuerst sind die Anspruchsvoraussetzungen des Übergangsgeldes zu prüfen. Besteht kein Anspruch auf Übergangsgeld, ist zu prüfen, ob die Voraussetzungen für Ausbildungsgeld erfüllt sind.

Für den Anspruch auf Ausbildungsgeld ist die Förderung einer der folgenden Leistungen/Maßnahmen maßgeblich:

- Berufsausbildung (einschließlich einer Förderung mit dem Budget für Ausbildung) oder berufsvorbereitende Bildungsmaßnahme einschließlich einer wegen der Behinderung erforderlichen Grundausbildung nach § 117 SGB III

- individuelle betriebliche Qualifizierung im Rahmen der Unterstützten Beschäftigung nach § 55 SGB IX
- Eingangsverfahren oder Berufsbildungsbereich einer Werkstatt für behinderte Menschen oder bei einem anderen Leistungsanbieter nach § 60 SGB IX

Unterhaltsbeihilfe

Bei der Unterhaltsbeilhilfe handelt es sich um eine Geldleistung der Träger der Kriegsopferfürsorge. Sie soll der Sicherung des Lebensunterhalts während einer erstmaligen beruflichen Ausbildung oder berufsvorbereitenden Maßnahme dienen.

Versicherte können Unterhaltsbeihilfe erhalten, wenn sie die Voraussetzungen für die Gewährung von Übergangsgeld erfüllen, jedoch bisher noch nicht beruflich tätig waren.

Beiträge zur Sozialversicherung

Während Leistungen der medizinischen Rehabilitation oder Leistungen zur Teilhabe am Arbeitsleben in Anspruch genommen werden, ist es wichtig, auch sozialversicherungsrechtlich abgesichert zu sein.

Versicherte erhalten deshalb vom jeweils zuständigen Rehabilitationsträger neben ihrer Geldleistung wie Übergangsgeld etc. auch die Beiträge zur Krankenversicherung, Unfallversicherung, zur Rentenversicherung, zur Bundesagentur für Arbeit sowie zur Pflegeversicherung.

Während des Bezugs von Übergangsgeld besteht Sozialversicherungspflicht und damit auch die Pflicht zur Zahlung von Beiträgen in die Renten-, Kranken- und Pflegeversicherung. Die Einzelheiten zum Versicherungsschutz bestimmen sich nach Vorschriften des jeweils zuständigen Rehabilitationsträgers.

> ***Praxis-Tipp:***
>
> *Erkundigen Sie sich beim zuständigen Rehabilitationsträger vor Antritt der Reha über Ihre soziale Absicherung und Ihren Versicherungsschutz während der Reha.*

5.

Leistungen nach der Rehabilitation

Rehabilitationssport

Auch nach Beendigung einer medizinischen Rehabilitationsmaßnahme besteht in vielen Fällen ein Bedarf zur weiteren Behandlung bzw. Festigung des Rehabilitationsergebnisses. Dabei kommen vielfältige Möglichkeiten und Angebote in Betracht.

Die verschiedenen Rehabilitationsträger erbringen Rehabilitationssport und Funktionstraining als ergänzende Leistungen nach § 64 Abs. 1 Nr. 3 und 4 SGB IX i. V. m. § 43 SGB V, § 28 SGB VI, § 39 SGB VII, um das Ziel der Rehabilitation zu erreichen oder zu sichern.

5 Die Bundesarbeitsgemeinschaft Rehabilitation (BAR) hat dazu in einer Rahmenvereinbarung vom 26.11.2021 das Nähere zu Einzelheiten und der konkreten Ausgestaltung der Leistungen Rehabilitationssport und Funktionstraining definiert.

> ***Praxis-Tipp:***
>
> *Die Rahmenvereinbarung über Rehabilitationssport und Funktionstraining finden Sie im Internet auf der Seite der BAR, siehe hierzu: www.bar-frankfurt.de*

Antragstellung

Ein Antrag auf Kostenübernahme für Rehabilitationssport erfolgt durch eine Verordnung vom behandelnden Arzt. Dazu verwendet der Arzt den Mustervordruck 56 (Antrag auf Kostenübernahme Rehabilitationssport). Diese Verordnung reichen Leistungsempfänger bei ihrer Krankenkasse ein, welche diese prüft und dann in den meisten Fällen die Kosten übernimmt (§ 64 SGB IX).

Folgende Felder sind vom Arzt bei der Verordnung unbedingt richtig auszufüllen:

- Markierung bei Rehabilitationssport
- Eintragung der Diagnose, Schädigung sowie Ziel
- Markierung der empfohlenen Rehabilitationssportart
- ein Kreuz für 50 / 120 bzw. 45, 90 oder 120 Übungseinheiten oder andere Begründung

- Angabe zur wöchentlichen Teilnahme (ein- bis dreimal)
- final das Datum, die Unterschrift und der Stempel des Vertragsarztes

Folgeverordnung von Rehabilitationssport

Die Verlängerung einer Verordnung bzw. eine Folgeverordnung ist zwar möglich, aber es besteht kein gesetzlicher Anspruch darauf. Prinzipiell gilt der volle Leistungsumfang des ersten Antrags auf dem Verordnungsformular. Auch über eine erneute Bewilligung der Kostenübernahme entscheiden die Krankenkassen.

Es gibt keine festgelegte Zahl für Folgeverordnungen im Rehabilitationssport. Oftmals erhalten Leistungsempfänger eine Verlängerung, wenn sie erneut erkranken oder einen (unerwarteten) Unfall erleiden. Auch nach einer ambulanten bzw. stationären Behandlung sind Folgeverschreibungen keine Seltenheit.

Wichtig: Wenn der Krankenkasse die Begründung einer Folgeverordnung nicht ausreicht, haben Versicherte nur geringe Möglichkeiten. Sie können noch einmal genau eine Gegendarstellung verlangen oder sich mit ihrem Arzt in Verbindung setzen. Nun geht es beim Rehabilitationssport auch nicht um sehr große Summen, weshalb es dann vielleicht nicht der Mühe wert ist. Aber das muss man selbst wissen bzw. entscheiden.

Die Träger der gesetzlichen Rentenversicherung übernehmen Rehabilitationssport und Funktionstraining im Anschluss an eine von ihnen erbrachte Leistung zur medizinischen Rehabilitation, wenn bereits während dieser Leistung die Notwendigkeit der Durchführung von Rehabilitationssport und Funktionstraining vom Arzt der Rehabilitationseinrichtung festgestellt wurde und der Mensch mit Behinderungen oder von Behinderung bedrohte Mensch den Rehabilitationssport/das Funktionstraining innerhalb von drei Monaten nach Beendigung der Leistung zur medizinischen Rehabilitation beginnt.

Die Träger der gesetzlichen Unfallversicherung übernehmen Rehabilitationssport und Funktionstraining ergänzend zu Leistungen der medizinischen Rehabilitation. Voraussetzung für die Zuständigkeit der

Unfallversicherung ist das Vorliegen eines Arbeitsunfalls oder einer Berufskrankheit.

Rehabilitationssport und Funktionstraining sind nicht als Ersatz für unzureichende Angebote an Spiel-, Sport- und Bewegungsmöglichkeiten in Einrichtungen der Alten- oder Behindertenhilfe, im Kindergarten, im allgemeinen Sportunterricht und in Sondergruppen außerhalb des Schulbetriebs zu verordnen.

Unberührt bleiben davon die Durchführung von Breiten-, Freizeit- und Leistungssport von Menschen mit Behinderungen oder von Behinderung bedrohten Menschen sowie die Zuständigkeit für die Ausbildung des bei der Durchführung des Rehabilitationssports und Funktionstrainings notwendigen Personals.

Ziel, Zweck und Inhalt des Rehabilitationssports

Rehabilitationssport kommt für Menschen mit Behinderungen bzw. von Behinderung bedrohte Menschen in Betracht, um unter Beachtung der spezifischen Aufgaben des jeweiligen Rehabilitationsträgers ihre gleichberechtigte Teilhabe am Leben in der Gesellschaft zu fördern und ihre Teilhabe am Arbeitsleben möglichst auf Dauer zu sichern.

Ziel des Rehabilitationssports ist, Ausdauer und Kraft zu stärken, Koordination und Flexibilität zu verbessern und das Selbstbewusstsein insbesondere auch von behinderten oder von Behinderung bedrohten Frauen und Mädchen zu stärken. Rehabilitationssport fördert umfassend die funktionale Gesundheit und zielt dabei auch auf Gesundheits-, Verhaltens- und Verhältniseffekte ab. Es fördert die Krankheitsbewältigung, Lebensqualität und gesellschaftliche Teilhabe, insbesondere die soziale und berufliche Teilhabe und die Hilfe zur Selbsthilfe. Hilfe zur Selbsthilfe hat zum Ziel, Selbsthilfepotenziale zu aktivieren, die eigene Verantwortlichkeit des Menschen mit Behinderungen oder von Behinderung bedrohten Menschen für seine Gesundheit zu stärken sowie ihn zu motivieren und in die Lage zu versetzen, langfristig selbstständig und eigenverantwortlich Bewegungstraining durchzuführen, z. B. durch weiteres Sporttreiben in der bisherigen Gruppe bzw. im Verein auf eigene Kosten.

Rehabilitationssport wirkt mit den Mitteln des Sports, sportlich ausgerichteter Spiele und bewegungstherapeutischer Inhalte ganzheitlich auf die Menschen mit Behinderungen und von Behinderung bedrohten Menschen, die über die notwendige Mobilität sowie physische und psychische Belastbarkeit für Übungen in der Gruppe verfügen, ein.

Rehabilitationssport umfasst Übungen, die unter fachkundiger Anleitung in der Gruppe im Rahmen regelmäßig abgehaltener Übungsveranstaltungen durchgeführt werden. Das gemeinsame Üben in festen Gruppen ist Voraussetzung, um gruppendynamische Effekte zu fördern, den Erfahrungsaustausch zwischen den Betroffenen zu unterstützen und damit den Selbsthilfecharakter der Leistung zu stärken.

Auch Maßnahmen, die einem krankheits-/behinderungsgerechten Verhalten und der Bewältigung psychosozialer Krankheitsfolgen dienen (z. B. Entspannungsübungen), sowie die Einübung im Gebrauch technischer Hilfen können Bestandteil des Rehabilitationssports sein. Die einzelnen Maßnahmen sind dabei auf die Erfordernisse der Teilnehmenden abzustellen. Rehabilitationssport kann auch spezielle Übungen für behinderte und von Behinderung bedrohte Frauen und Mädchen umfassen, deren Selbstbewusstsein als Folge der Behinderung oder drohenden Behinderung eingeschränkt ist und bei denen die Stärkung des Selbstbewusstseins im Rahmen des Rehabilitationssports erreicht werden kann.

> ***Praxis-Tipp:***
>
> *Ein Verzeichnis der zugelassenen Anbieter von Rehabilitationssport können Sie bei Ihrer Krankenkasse erfragen. Dabei wird nach verschiedenen Indikationsgruppen unterschieden (z. B. Herzsportgruppe, Wirbelsäulenkräftigung).*

Die gesetzlichen Krankenkassen und gesetzlichen Unfallversicherungsträger prüfen im Einzelfall die Ausweitung der Richtlinie über die Verordnung von Rehabilitationssport auch auf andere Geschlechter, z. B. Jungen, (junge) Männer und Transgender.

Funktionstraining

Funktionstraining kommt für Menschen mit Behinderungen und von Behinderung bedrohte Menschen in Betracht, um unter Beachtung der spezifischen Aufgaben des jeweiligen Rehabilitationsträgers ihre gleichberechtigte Teilhabe am Leben in der Gesellschaft zu fördern und ihre Teilhabe am Arbeitsleben möglichst auf Dauer zu sichern. Insbesondere kann Funktionstraining bei Erkrankungen oder Funktionseinschränkungen des Stütz- und Bewegungsapparats angezeigt sein.

Ziel des Funktionstrainings ist der Erhalt und die Verbesserung von Funktionen sowie das Hinauszögern von Funktionsverlusten einzelner Organsysteme oder Körperteile, die Schmerzlinderung, die Bewegungsverbesserung und die Unterstützung bei der Krankheitsbewältigung. Funktionstraining fördert umfassend die funktionale Gesundheit von Personen mit rheumatischen und muskuloskeletalen Erkrankungen und zielt dabei auch auf Gesundheits-, Verhaltens- und Verhältniseffekte ab. Es fördert die Krankheitsbewältigung, Lebensqualität und gesellschaftliche Teilhabe, insbesondere die soziale und berufliche Teilhabe und die Hilfe zur Selbsthilfe. Hilfe zur Selbsthilfe hat zum Ziel, Selbsthilfepotenziale zu aktivieren, die eigene Verantwortlichkeit des Menschen mit Behinderungen oder von Behinderung bedrohten Menschen für seine Gesundheit zu stärken sowie ihn zu motivieren und in die Lage zu versetzen, langfristig selbstständig und eigenverantwortlich Bewegungstraining im Sinne eines angemessenen Übungsprogramms durchzuführen, z. B. durch die weitere Teilnahme an Bewegungsangeboten auf eigene Kosten.

Funktionstraining wirkt besonders mit den Mitteln der Krankengymnastik und/oder der Ergotherapie gezielt auf spezielle körperliche Strukturen (Muskeln, Gelenke usw.) der Menschen mit Behinderungen oder von Behinderung bedrohten Menschen, die über die notwendige Mobilität sowie physische und psychische Belastbarkeit für bewegungstherapeutische Übungen in der Gruppe verfügen, ein.

Funktionstraining umfasst bewegungstherapeutische Übungen, die in der Gruppe unter fachkundiger Leitung im Rahmen regelmäßig abgehaltener Übungsveranstaltungen durchgeführt werden. Das gemeinsame Üben in festen Gruppen ist Voraussetzung, um gruppendynamische Effekte zu fördern, den Erfahrungsaustausch zwischen den Betroffenen zu unterstützen und damit den Selbsthilfecharakter der Leistung zu stärken. Neben den bewegungstherapeutischen Übungen können Gelenkschutzmaßnahmen und die Einübung im Gebrauch technischer Hilfen und von Gebrauchsgegenständen des täglichen Lebens Bestandteil des Funktionstrainings sein.

Stufenweise Wiedereingliederung

Die Leistung der stufenweisen Wiedereingliederung ist eine ergänzende Leistung zur medizinischen Rehabilitation.

Können arbeitsunfähige Leistungsberechtigte nach ärztlicher Feststellung ihre bisherige Tätigkeit teilweise ausüben und können sie durch eine stufenweise Wiederaufnahme ihrer Tätigkeit voraussichtlich besser wieder in das Erwerbsleben eingegliedert werden, sollen die medizinischen und die sie ergänzenden Leistungen mit dieser Zielrichtung erbracht werden (§ 44 SGB IX).

Die Vorschrift lehnt sich an die schon in § 74 SGB V vorgesehene Regelung der stufenweisen Wiedereingliederung der gesetzlichen Krankenversicherung an. Im Recht der Rentenversicherung hingegen gibt es keine entsprechende Vorschrift; lediglich den Verweis in § 15 Abs. 1 SGB VI auf § 44 SGB IX, wonach die stufenweise Wiedereingliederung jedenfalls generell auch zum Leistungskatalog der von den Rentenversicherungsträgern zu gewährenden medizinischen Reha zählt.

Abgrenzung der Zuständigkeit Kranken- oder Rentenversicherung

Zur Abgrenzung der Zuständigkeit zwischen Renten- und gesetzlicher Krankenversicherung bei einer stufenweisen Wiedereingliederung wurde die „Vereinbarung zur Zuständigkeitsabgrenzung bei stufenweiser Wiedereingliederung nach § 28 i. V. m. § 51 Absatz 5 SGB IX“ geschlossen, welche zum 01.09.2011 in Kraft getreten ist und auch weiterhin Gültigkeit hat.

Es wird im Rahmen der Vereinbarung besonders auf den zeitlichen Zusammenhang zwischen einzelnen Maßnahmen der Rehabilitation bzw.

auf den Charakter einer Gesamt-Maßnahme und auf den Grundsatz der Einheitlichkeit der Reha-Gewährung (§ 4 Abs. 2 Vereinbarung) abgestellt, um die Zuständigkeit des einen Reha-Trägers festzustellen. Der unmittelbare Anschluss einer Maßnahme zur stufenweisen Wiedereingliederung setzt keine direkte zeitliche Aufeinanderfolge zu einer vorherigen medizinischen Maßnahme zur Rehabilitation voraus. Die stufenweise Wiedereingliederung stellt sich regelmäßig als Bestandteil einer einheitlichen (Gesamt-)Maßnahme dar, wenn sie im Anschluss an eine vom Rentenversicherungsträger gewährte stationäre Maßnahme zur medizinischen Rehabilitation durchgeführt wird und der Zeitraum zwischen dieser und der stufenweisen Wiedereingliederung weniger als eine Woche beträgt.

Beispiel:

Herr Fischer ist Arbeitnehmer und befindet sich vom 12.07.2022 bis 24.07.2022 auf einer medizinischen Rehabilitation zulasten der Rentenversicherung. Im Rahmen des Entlassungsgesprächs wird von der Reha-Einrichtung eine stufenweise Wiedereingliederung über den Arbeitgeber ab dem 27.07.2022 vorgeschlagen.

Da zwischen dem Ende der Rehabilitationsmaßnahme und dem Beginn der stufenweisen Wiedereingliederung ein Zeitraum von weniger als einer Woche besteht, ist der Rentenversicherungsträger für die stufenweise Wiedereingliederung zuständig und Herr Fischer erhält auch für den Zeitraum der stufenweisen Wiedereingliederung Übergangsgeld von der Deutschen Rentenversicherung.

Nach § 7 der Arbeitsunfähigkeits-Richtlinien sind bei der Feststellung, ob eine stufenweise Wiedereingliederung empfohlen werden kann, körperliche, geistige und seelische Gesundheitszustände des Versicherten gleichermaßen zu berücksichtigen. Deshalb darf diese Feststellung nur aufgrund ärztlicher Untersuchung erfolgen. Die Empfehlungen zur Umsetzung der stufenweisen Wiedereingliederung in der Anlage der Arbeitsunfähigkeits-Richtlinie sind zu beachten. Die Feststellung hat spätestens ab einer Dauer der Arbeitsunfähigkeit von sechs Wochen im Zusammenhang mit jeder Bescheinigung der Arbeitsunfähigkeit zu erfolgen.

Von einer Feststellung ist abzusehen, sofern durch die Teilnahme an einer Maßnahme der stufenweisen Wiedereingliederung für den Genesungsprozess der oder des Versicherten nachteilige gesundheitliche Folgen erwachsen können. Gleiches gilt, sofern Versicherte eine stufenweise Wiederaufnahme ihrer Tätigkeit ablehnen.

> ***Praxis-Tipp:***
>
> *Wenn Sie im laufenden Krankengeldbezug sind, nehmen Sie unbedingt Kontakt zu Ihrem Arbeitgeber und der Krankenkasse auf, um zu klären, ob ggf. der Arbeitgeber während der stufenweisen Wiedereingliederung das Entgelt teilweise weiterzahlt. Er ist dazu gesetzlich nicht verpflichtet, sollte er dies aber auf freiwilliger Basis übernehmen, kann dies zum Ruhen von Krankengeld führen.*

Voraussetzung für die stufenweise Wiedereingliederung ist die Erklärung der Freiwilligkeit durch Unterschrift des Versicherten auf dem hierfür vorgesehenen Vordruck. Auf diesem hat der Arzt die tägliche Arbeitszeit und diejenigen Tätigkeiten anzugeben, die der Versicherte während der Phase der Wiedereingliederung ausüben kann bzw. denen er nicht ausgesetzt werden darf. Lehnt der Arbeitgeber die Wiedereingliederung ab, soll er seine ablehnende Stellungnahme ebenfalls auf dem Vordruck bescheinigen.

Versicherte haben gegenüber ihrer Krankenkasse einen Anspruch auf individuelle Beratung und Hilfestellung, und zwar darüber, welche Leistungen und unterstützenden Angebote zur Wiederherstellung der Arbeitsfähigkeit erforderlich sind. Diese Maßnahmen und die dazu erforderliche Erhebung, Verarbeitung und Nutzung personenbezogener Daten dürfen nur mit schriftlicher Einwilligung und nach vorheriger schriftlicher Information des Versicherten erfolgen. Die Einwilligung kann jederzeit schriftlich widerrufen werden.

Zustimmung des Arbeitgebers

Der Arbeitgeber ist grundsätzlich nicht verpflichtet, mit dem Arbeitnehmer eine Vereinbarung zu schließen, die diesem die Wiedereingliederung ermöglicht. Er muss eine Ablehnung auch nicht begründen.

Der Arbeitgeber schaltet bei Eintreten von personen-, verhaltens- oder betriebsbedingten Schwierigkeiten im Arbeits- oder sonstigen Beschäftigungsverhältnis, die zur Gefährdung dieses Verhältnisses führen können, möglichst frühzeitig die Schwerbehindertenvertretung sowie das Integrationsamt ein, um mit ihnen alle Möglichkeiten und alle zur Verfügung stehenden Hilfen zur Beratung und mögliche finanzielle Leistungen zu erörtern, mit denen die Schwierigkeiten beseitigt werden können und das Arbeits- oder sonstige Beschäftigungsverhältnis möglichst dauerhaft fortgesetzt werden kann.

Sind Beschäftigte innerhalb eines Jahres länger als sechs Wochen ununterbrochen oder wiederholt arbeitsunfähig, klärt der Arbeitgeber mit der zuständigen Interessenvertretung im Betrieb (z. B. Ansprechpartner für betriebliches Eingliederungsmanagement, Personalabteilung, Betriebsarzt), bei schwerbehinderten Menschen außerdem mit der Schwerbehindertenvertretung, mit Zustimmung und Beteiligung der betroffenen Person die Möglichkeiten, wie die Arbeitsunfähigkeit möglichst überwunden werden und mit welchen Leistungen oder Hilfen erneuter Arbeitsunfähigkeit vorgebeugt und der Arbeitsplatz erhalten werden kann (betriebliches Eingliederungsmanagement).

Beschäftigte können zusätzlich eine Vertrauensperson eigener Wahl hinzuziehen. Soweit erforderlich, wird der Werks- oder Betriebsarzt hinzugezogen. Die betroffene Person oder ihr gesetzlicher Vertreter ist zuvor auf die Ziele des betrieblichen Eingliederungsmanagements sowie auf Art und Umfang der hierfür erhobenen und verwendeten Daten hinzuweisen. Kommen Leistungen zur Teilhabe oder begleitende Hilfen im Arbeitsleben in Betracht, werden vom Arbeitgeber die Rehabilitationsträger oder bei schwerbehinderten Beschäftigten das Integrationsamt hinzugezogen. Diese wirken darauf hin, dass die erforderlichen Leistungen oder Hilfen unverzüglich beantragt und innerhalb der Zwei-Wochen-Frist erbracht werden. Die zuständige Interessenvertretung im Betrieb, bei schwerbehinderten Menschen außerdem die Schwerbehindertenvertretung, können Klärung verlangen. Sie wachen darüber, dass der Arbeitgeber die ihm nach dieser Vorschrift obliegenden Verpflichtungen erfüllt.

Die Rehabilitationsträger und die Integrationsämter können Arbeitgeber, die ein betriebliches Eingliederungsmanagement einführen, durch Prämien oder einen Bonus fördern.

Belastungserprobung und Arbeitstherapie

§ 42 Abs. 2 Nr. 7 SGB IX führt auch die Belastungserprobung und Arbeitstherapie als ergänzende Leistungen der medizinischen Rehabilitation auf.

Durch eine Belastungserprobung soll während oder im unmittelbaren Anschluss an die medizinische Rehabilitation das Restleistungsvermögen des Versicherten in Zusammenarbeit mit qualifizierten Einrichtungen abgeklärt werden. Es erfolgt eine Bestandsaufnahme der körperlichen und psychischen Leistungsfähigkeit und der Dauerbelastbarkeit zum Ermitteln des arbeitsrelevanten Leistungsprofils und der sozialen Anpassungsfähigkeit (diagnostische Abklärung). Die darauf aufbauende Arbeitstherapie will Fertigkeiten erhalten und entwickeln, die für die berufliche Wiedereingliederung wichtig sind. Die Belastungserprobung und die Arbeitstherapie verfolgen medizinische Zwecke und sind daher Mittel der Leistungen zur medizinischen Rehabilitation (§ 42 SGB IX) und nicht der beruflichen Teilhabe.

Die Belastungserprobung ermöglicht die schrittweise individuelle Wiedereingliederung an den Arbeitsplatz. Dabei ist auch das behandelnde ärztliche Personal intensiv eingebunden.

Die Belastungserprobung ist eine medizinische Maßnahme. Sie trägt dazu bei, dass Versicherte rasch wieder ihrer beruflichen Tätigkeit nachgehen können. Um dies zu erreichen, beginnen die Versicherten mit einer individuell festgelegten, verminderten Arbeitszeit von beispielsweise vier Stunden pro Tag. Haben sie diese Stufe ohne Probleme absolviert, wird die tägliche Arbeitszeit unter enger medizinischer Kontrolle stufenweise erhöht, um schließlich die volle Belastung zu erreichen.

In der Regel dauert eine Belastungserprobung vier bis sechs Wochen – in Einzelfällen auch länger. In dieser Zeit besteht weiterhin Arbeitsunfähigkeit und die zuständige Berufsgenossenschaft zahlt Verletztengeld an die Versicherten.

Die Arbeitstherapie nutzt den Erwerb und die Verbesserung von Grundarbeitsfähigkeiten, um Krankheiten umfassend zu behandeln. Sie soll neben Grundfertigkeiten auch Handfertigkeiten und nicht konkret berufsbezogene handwerkliche Fähigkeiten vermitteln. Gesetzlich Krankenversicherte erhalten auf Antrag die isolierte Leistung der Arbeitstherapie als stationäre, teilstationäre oder auch ambulante

Leistung. Sie muss einem ärztlichen Behandlungsplan folgen, ärztlich begleitet und insgesamt ärztlich verantwortet werden. Die Maßnahmen dienen der Wiedereingliederung in die Erwerbstätigkeit und in den allgemeinen Lebensalltag.

Nach § 15 Abs. 1 SGB VI i. V. m. § 42 Abs. 2 Nr. 7 SGB IX kann auch der Träger der Rentenversicherung eine Arbeitstherapie als eigenständige Therapie gewähren, wenn dies medizinisch indiziert ist. Anders als in der gesetzlichen Krankenversicherung ist in der gesetzlichen Rentenversicherung auch bei Leistungen zur medizinischen Rehabilitation nicht zwingend erforderlich, dass eine ausgeprägte ständige ärztliche Verantwortung bestehen muss, wie sich schon ausdrücklich aus § 15 Abs. 2 Satz 2 SGB VI ergibt.

Die Krankenkassen sind gegenüber den Trägern der Rentenversicherung nur nachrangig verpflichtet, eine Arbeitstherapie als Maßnahme zur medizinischen Rehabilitation zu gewähren (vgl. § 40 Abs. 4 SGB V), auch Subsidiarität der Leistung der Krankenversicherung genannt. Auch wenn die Arbeitstherapie mit einer Eingliederung in einen Betrieb verbunden ist, handelt es sich nicht um ein Arbeits- oder Beschäftigungsverhältnis. In diesen Fällen gibt der ärztliche Behandlungsplan der Maßnahme das Gepräge, eventuelle Weisungsbefugnisse des Arbeitgebers sind demgegenüber nachrangig.

Dauer der Maßnahme

Die Dauer einer Belastungserprobung kann sehr unterschiedlich sein und hängt von der Indikation als auch von der individuellen Situation und Zielsetzung des Leistungsempfängers ab. Der tägliche Arbeitsumfang schwankt zwischen mindestens drei Stunden bis zu maximal acht Stunden. Ist die Belastungserprobung auf körperliche Gesundheitsschäden zurückzuführen, ist eine externe Maßnahme meist auf maximal vier Tage begrenzt. In der Psychosomatik und bei Abhängigkeitserkrankungen sollten externe Belastungserprobungen mit einer Dauer von zwei bis vier Wochen angestrebt werden.

An einer Belastungserprobung können u. a. Ärzte, Psychologen, Psychotherapeuten, Sozialarbeiter, Sozialpädagogen, Ergotherapeuten, Physiotherapeuten und Sprachtherapeuten beteiligt sein.

Die Arbeitstherapie ist ein Behandlungsfeld der Ergotherapie, bei dem die Arbeit unter wirklichkeitsnahen Bedingungen als Mittel der Therapie eingesetzt wird. Der Patient wechselt zunehmend aus der Rolle des Behandelten in die des Handelnden über. Ziel ist es, die körperliche, geistige und seelische Belastbarkeit zu steigern sowie die Arbeitsgrundfähigkeit und spezielle Fähigkeiten für die berufliche Wiedereingliederung zu verbessern und zu stabilisieren.

Maßnahmen der Arbeitstherapie

Die Arbeitstherapie soll verschiedene Fähigkeiten verbessern oder wiederherstellen:

- Grundarbeitsfähigkeiten wie Ausdauer, Konzentration, Tages- und Zeitstrukturierung
- soziale Fähigkeiten wie Kontakt-, Durchsetzungs- und Anpassungsfähigkeit, Selbstvertrauen oder Entscheidungsfähigkeit
- motorische Fähigkeiten wie Feinmotorik, Geschicklichkeit und körperliche Belastbarkeit
- instrumentelle und individuelle Kompetenzen (z. B. Rechnen, Schreiben, Organisieren)
- Alltagskompetenzen

Ein Arbeitstherapeut erstellt mit dem Versicherten zunächst eine Arbeits- und Berufsanamnese. Er entwickelt Anforderungs- und Eignungsprofile und führt mit ihm realitätsorientierte Trainingsangebote und Belastungserprobungen durch. Auch informiert er den Versicherten über die Möglichkeiten der Wiedereingliederung in das Arbeitsleben und betreut ihn an der neuen Arbeitsstelle. Gemeinsam mit dem Versicherten und dessen Arbeitgeber verarbeitet er Vorschläge, um ggf. den Arbeitsplatz individuell an seine Bedürfnisse anzupassen.

6.

Hilfreiche Adressen

Rehabilitationsträger

Bundesarbeitsgemeinschaft für Rehabilitation e. V. (BAR)
Solmsstr. 18, 60486 Frankfurt/Main,
Tel.: 069/60 50 18-0, Fax: 069/60 50 18-29
www.bar-frankfurt.de

Zentrale der Bundesagentur für Arbeit
Regensburger Str. 104, 90478 Nürnberg
Tel.: 0911/179-0, Fax: 0911/1792123
www.arbeitsagentur.de

Deutsche Gesetzliche Unfallversicherung e. V. (DGUV)
Mittelstr. 53 1, 10117 Berlin-Mitte

Tel.: 030/28 87 63-800, Fax: 030/28 87 63-808
www.dguv.de

Deutsche Rentenversicherung Bund
Ruhrstr. 2, 10709 Berlin
Tel.: 030/865 261 35, Fax: 030/86 52 72 40
www.deutsche-rentenversicherung.de

Deutsche Rentenversicherung Knappschaft-Bahn-See
Pieperstr. 14–28, 44789 Bochum
Tel.: 0234/304-0, Fax: 0234/30 46 60 50
www.deutsche-rentenversicherung.de/knappschaftbahnsee

Sozialversicherung für Landwirtschaft, Forsten und Gartenbau
Weißensteinstr. 70–72, 34131 Kassel
Tel.: 0561/93590, Fax: 0561/9359244
www.svlfg.de

Bundesarbeitsgemeinschaft der überörtlichen Träger der Sozialhilfe
Warendorfer Str. 26–28, 48133 Münster
Tel.: 0251/5916531, Fax: 0251/591714901
www.lwl.org/LWL/Soziales/BAGues

Krankenkassen

Verband der Ersatzkassen e. V. (vdek)
Askanischer Platz 1, 10963 Berlin
Tel.: 030/269310, Fax: 030/269312900
www.vdek.com
AOK Bundesverband GbR
Rosenthaler Str. 31, 10178 Berlin
Tel.: 030/34646-0, Fax: 030/346462502
www.aok-bv.de
BKK Dachverband e.V.
Zimmerstr. 55, 10117 Berlin
Tel.: 030/2700406-0
www.bkk-dachverband.de
IKK-Bundesverband
Friedrich-Ebert-Str. 1 /Technologiepark, 54129 Bergisch Gladbach
Tel.: 02204/844551, Fax: 02204/844561
www.ikk.de
Verband der Privaten Krankenversicherung e. V. (PKV)
Gustav-Heinemann-Ufer 74c, 50968 Köln
Tel.: 0221/9987-0, Fax: 0221/9987 3950
www.pkv.de

Ministerien und Behörden

Bundesministerium für Gesundheit (BMG)
Rochusstr. 1, 53123 Bonn
Tel.: 030/18441-0, Fax: 030/18441-4900
www.bundesgesundheitsministerium.de
Bundesministerium für Arbeit und Soziales (BMAS)
Wilhelmstr. 49, 10117 Berlin
Tel.: 0228/99441-0, Fax: 0228/99441-1901
www.bmas.de

Bundeszentrale für gesundheitliche Aufklärung (BzgA)
Ostmerheimer Str. 220, 51109 Köln
Tel.: 0221/89 92-0, Fax: 0221/89 92-300
www.bzga.de
Patientenbeauftragter Bund
Friedrichstr. 108, 10117 Berlin
Tel.: 030/18 441-3420, Fax: 030/18 441-3422
www.patientenbeauftragter.de
Unabhängige Patientenberatung
Littenstr. 10, 10179 Berlin
Tel.: 030/200 8923-3, Fax: 030/200 8923-30
www.unabhaengige-patientenberatung.de

Müttergenesung, Kinderkuren, Wohlfahrtsverbände

Aktion Mensch
Heinemannstr. 36, 53175 Bonn
Tel.: 0228/20 92 300, Fax: 0228/2092 7777
www.aktion-mensch.de
Arbeitsgemeinschaft Kinder- und Jugendrehabilitation e.V.
Sophienstr. 25, 99518 Bad Sulza
Tel.: 0364 61/970, Fax: 036461/97819
www.sophien-klinik.de
AWO Arbeiterwohlfahrt Bundesverband e. V.
Blücherstr. 62/63, 10961 Berlin
Tel.: 030/263090
www.awo.org
Deutscher Caritasverband e. V.
Karlstr. 40, 79104 Freiburg
Tel.: 0761/200-0
www.caritas.de

Deutscher Paritätischer Wohlfahrtsverband Gesamtverband e. V.
Oranienburger Str. 13–14, 10178 Berlin
Tel.: 030/24636-0, Fax: 030/24636-110
www.der-paritaetische.de

Deutsches Rotes Kreuz e.V.
Carstennstr. 58, 12205 Berlin
Tel.: 030/85404-0, Fax: 030/85404-450
www.drk.de

Diakonie Deutschland e. V.
Caroline-Michaelis-Str. 1, 10115 Berlin
Tel.: 030/652 11-0, Fax: 030/652 11-3333
www.diakonie.de

Elly-Heuss-Knapp-Stiftung Deutsches Müttergenesungswerk
Bergstr. 63, 10115 Berlin
Tel.: 030/3300290, Fax: 030/33 002920
www.muettergenesungswerk.de

Ev. Arbeitsgemeinschaft für Müttergenesung e. V.
Reichensteiner Weg 24, 14195 Berlin
Tel.: 030/84 41 86 41, Fax: 030/84 41 86 54

Heilbäder, Kurorte, Kuranbieter

Deutscher Heilbäderverband e. V. (DHV)
Charlottenstr. 13, 10969 Berlin
Tel.: 030/2463692-0
www.deutscher-heilbäderverband.de

Arbeitskreis Gesundheit e. V.
Gustav-Mahler-Str. 2, 04109 Leipzig
Tel.: 0341/8705959-0, Fax: 0341/970595959
www.arbeitskreis-gesundheit.de

Selbsthilfe, Sozial- und Behindertenverbände, Sportverbände

Bundesarbeitsgemeinschaft Selbsthilfe e. V.
Kirchfeldstr. 149, 40215 Düsseldorf
Tel.: 0211/31006-0, Fax: 0211/31006-48
www.bag-selbsthilfe.de

Deutsche Arbeitsgemeinschaft Selbsthilfegruppen e. V.
Otto-Suhr-Allee 115, 10585 Berlin
Tel.: 030/8934014, Fax: 030/31018970
www.dag-shg.de

Nationale Kontakt- und Informationsstelle zur Anregung und Unterstützung von Selbsthilfegruppen (NAKOS)
Otto-Suhr-Allee 115, 10585 Berlin
Tel.: 030/31 01 89 60, Fax: 030/31 01 89 70
www.nakos.de

Sozialverband Deutschland e. V. (SoVD) Bundesgeschäftsstelle
Stralauer Str. 63, 10179 Berlin
Tel.: 030/72 62 22-0, Fax: 030/72 62 22-311
www.sovd.de

Sozialverband VdK Deutschland e. V.
Wurzerstr. 4a, 53175 Bonn
Tel.: 0228/82093-0, Fax: 0228/82093-43
www.vdk.de

Deutscher Behindertensportverband e. V.
Tulpenweg 2–4, 50226 Frechen
Tel.: 02234/60 00-213, Fax: 02234/60 00-150
www.dbs-npc.de

Deutsche Behinderten-Sportjugend
Tulpenweg 2–4, 50226 Frechen
Tel.: 02234/60 00-213, Fax: 02234/60 00-150
www.dbs-npc.de

Deutscher Olympischer Sportbund (DOSB)
Otto-Fleck-Schneise 12, 60528 Frankfurt am Main
Tel.: 069/670 00, Fax: 069/67 49 06
www.dosb.de

Bundesverband für körper- und mehrfachbehinderte Menschen e. V. (BVKM)
Brehmstr. 5–7, 40239 Düsseldorf
Tel.: 0211/64004-0, Fax: 0211/64004-20
www.bvkm.de

Bundesverband für Rehabilitation und Interessenvertretung (BDH)
Eifelstr. 7, 53119 Bonn
Tel.: 0228/96984-0, Fax: 0228/96984-99
www.bdh-reha.de

Bundesverband Selbsthilfe Körperbehinderter e. V. (BSK)
Altkrautheimer Str. 20, 74238 Krautheim
Tel.: 06294/4281-0, Fax: 06294/4281-79
www.bsk-ev.org

Bundesvereinigung der Lebenshilfe e. V.
Raiffeisenstr. 18, 35043 Marburg
Tel.: 06421/491-0, Fax: 06421/491-167
www.lebenshilfe.de

Deutscher Blinden- und Sehbehindertenverband e. V.
Rungestr. 19, 10179 Berlin
Tel.: 030/285387-0, Fax: 030/285387-20
www.dbsv.org

Deutscher Gehörlosenverbund e. V.
Am Zirkus 4, 10117 Berlin
Tel.: 030/609895-360, Fax: 030/609895-363
www.gehoerlosen-bund.de

Deutscher Schwerhörigenbund e. V. (DSB)
Sophie-Charlotten-Str. 23a, 10459 Berlin
Tel.: 030/475411-14, Fax: 030/47 54 11-16
www.schwerhoerigen-netz.de

Interessenvertretung Selbstbestimmt Leben in Deutschland e. V. (ISL)
Krantorweg 1, 13503 Berlin
Tel.: 030/40 57-14 09, Fax: 030/40 57 3685
www.isl-ev.de

Ombudsmann Private Kranken- und Pflegeversicherung
Postfach 06 02 22, 10052 Berlin
Tel.: 018 02 /55 04-44, Fax: 030/20 45 89-31
www.pkv-ombudsmann.de

Stichwortverzeichnis